出版街

放浪記

活字に魅せられて70年——。

塩澤実信

展望社

●目次

本文中の敬称は略させていただきました。

出版街　放浪記

活字に魅せられて70年――。

かけ出し時代――『ロマンス』と『東京タイムズ』

四十五歳で職を退く

定年を、現役の命数の尽きた社員の「生身《なまみ》の葬式」と宣《のたま》うたのは、第十九回直木賞受賞作家の岡田誠三であった。

まだ存分働けるのに六十歳辺りで一線を引き、勤めから退かせる制度を揶揄《やゆ》した言葉だが、いま、この定年をめぐって、不況下の出版界にちょっとしたブームが出来《しゅったい》している。

楠木新著の『定年後――50歳からの生き方、終わり方』（中公新書）が、平成二十九年四月二十五日に発売されて、半年足らずで二十数万部のベストセラーになったことから、『文藝春秋』誌の大特集「定年後の常識が変わった」を第一弾に、マスコミをあげて定年後の生き方が論じられているのである。

若くして鬼籍に入ったノンフィクション作家加藤仁は、昭和五十年代から平成にかけて、四半世紀にわたり定年退職者をターゲットに取材を重ね、三〇〇〇人以上に会っていた。そして、『たった一人の再挑戦』『定年後』『定年後をパソコンと暮らす』『おお、定年』『定年後の居場所を創る』『定年後の8万時間に挑む』など、生活者の視点からリタイア後の生き方を取材し、もろもろの知恵を提言していた。

加藤は、定年後の余暇時間を次の通りに弾き出していた。

二十歳から働きはじめて六十歳で定年を迎えたとすると、それまでの労働時間の総計は二千時間（年間労働時間）×四十年間＝八万時間になる。この八万時間の報酬としてマイホームの購入、子育て、社内の昇進をやってのけたことになる。

では、定年後はのんびりすごすことにする。睡眠や食事、入浴時間を差し引くと、一日の余暇時間は平均して十一時間以上もある。八十歳まで生きるとすれば十一時間×三百六十五日×二十年間＝八万三百時間である。つまり定年後の余暇時間は、会社で働いた時間とほぼおなじということになる。この〝八万時間〟によって、これからなにを得ようとするのか。

話題の『定年後』の著者・楠木新は、自分が定年退職して最初に受けた衝撃を、会社では「○○さん」と毎日呼ばれていたのが、誰からも名前を呼ばれなくなったことだと書いていた。

また、一流銀行の支店長で定年になった父親に、一年目に自殺された吉武輝子は、『夫と妻の定年人生学』で、「『の』の字が消えた男の非力」の項目を立て、就職して長い年月「三菱銀行〝の〟」という〝の〟の字の威力を失った男の悲劇を、リアルに描いていた。

定年後は学歴、所属した組織、それまでの地位だの肩書きといった一切の属性——名前さえ呼ばれなくなる後半生が、待ち受けているわけだった。

私は四十五歳で〝の〟の字・肩書と、一切の属性を失った。中堅出版社の編集を総轄す

著者近影。

る立場を、社長と齟齬をきたし、自ら退いたからである。
そのあたりについて、『戦後出版史』の「あとがき」に、次の通りに述べた。

編集者のリタイア後の足取りをみると、幸せとは言い難い。毒舌評論で知られた大宅壮一は、「編集者女給論」を称えていた。「編集者は女給と同じ一種の消耗品で、見目うるわしいころは、銀座の一流バーでチヤホヤされるが、衰えるにつれて、だんだん場末の方へ落ちぶれてゆく」と。

私は、一流のバーに雇われるほどの才覚はなかったし、場末へ落ちぶれてゆく前に、言動に一貫性を欠いた職業軍人崩れの傀儡《かいらい》社長と、ラジカルな労組との板挟みになって、自ら社を退いていた。

在社中は接客業の利で、幅広く多様な人々との交流を楽しむことができた。だが、勤めから身を退けば、末成《うらな》りの南瓜《かぼちゃ》風情など歯牙にもかけてもらえない。前途への見通しは全くないまま、闇夜にサングラスをかけた心境で、路頭にさまよい出た。

そんな私に旧友が出版界の落穂拾いのような仕事をすすめてくれた。

加藤仁の「人生時間」に則ると、四十五歳で勤めから降りた私は、年間労働時間二千時間かける二十五年間＝五万時間の定期的報酬のある生活から、八十歳まで生きると仮定して、十一時間×三百六十五日×三十五年＝十四万五百時間余の〝余暇〟どころか、切迫した老後を送らざるを得なくなったのである。

再び勤める手段を考えなかったのは、学も才もない身に加え中途半端な年齢。曲がりなりにも中堅出版社の取締役編集局長だった経歴が、逆ハンディになっていたからだ。

私は、敗戦直後、いち早く〝映画と歌の娯楽雑誌〟『ロマンス』を創刊し、またたく間に出版界を席巻した同郷のロマンス社創業者・熊谷寛の元に押しかけ、居候に拾われたのが、出版界の水に漬かるそもそもだった。

五年間に四社を転々

熊谷寛に拾われた私は、昭和二十五年ロマンス社を振り出しに、ロマンス出版社、二年後に婦人世界社、三年半後に東京タイムズ社と、わずか五年間に四社を転々とせざるを得なかった。

初めての社は「先んずる者人を制す」の格言を地で行って、敗戦から八ヵ月後、若者を魅了する新雑誌を創刊し、またたく間に出版界を席巻。その余勢を駆って、『婦人世界』『少年世界』『映画スタァ』『トルーストーリィ』『フォトプレイ』と、次々に新雑誌を創刊。最盛期の昭和二十四年には、『ロマンス』八十二万五千部、『婦人世界』八十八万部、『少年世界』十五万部、アメリカのマックファーデン社と業務提携した翻訳雑誌『トルーストーリィ』十七万部、『フォトプレイ』五万部と、発行部数を豪語するまでになった。

熊谷は、想像を絶した社の発展、躍進する目的を、敗戦で荒廃した人々の心へ〝愛の電波を送ろう〟を念願としていた。意中の雑誌が次々と巣立ち、業績が好調に推移し始めると、大入袋が毎月のように出された。二十二、三歳の平社員で一万五千円もあったという。参考までに言い添えると、昭和二十三、四年頃の一万五千円は、平成二十年代の一部上場会社部長クラスの月収に匹敵すると考えられた。

あまりに度重なる大入袋に、一社員は喜びのあまり、

「社長！　大入袋というゴム印をお作りになったら……」

と、口走ると、社長はいかつい容貌にそぐわないやさしい声で、

「いや、輪転機で刷りましょう」

と、答えたという伝説があった。

ロマンス社のあまりに急激な社運の上昇と業務の広がりは、一方で社の体質に脆弱なゆがみを作っていった。縁故関係や知己の紹介で、陸続と入社してくる社員の中に、戦時下中国大陸で諜報機関にいたと噂される正体の定かでない者も紛れ込み、私腹を肥やし始めたのである。

男の名は塩谷某《なにがし》と言った。恰幅のいい体をダブルの背広に包み、陰険に光る眼を縁なしの眼鏡で隠していた。この輩《やから》は、入社するやお手のものの手口で、人事権を掌握して調

「トルーストーリィ」。

「ロマンス」。

「婦人世界」。

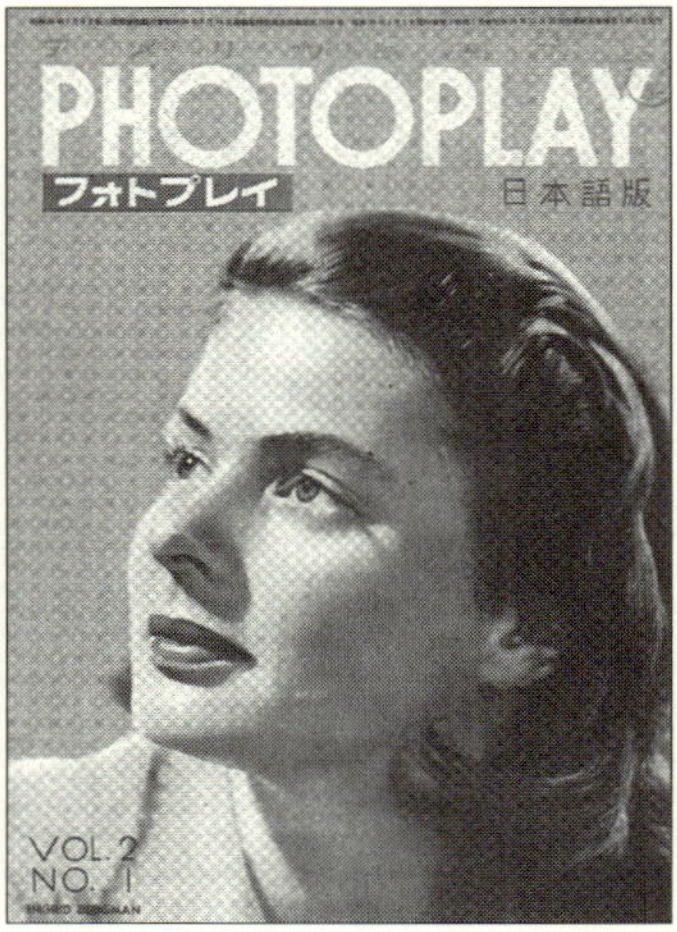

「フォトプレイ」。

査部なる部門を新設。部長に就いて副社長の桜庭政雄と組み、社の業務を壟断《ろうだん》した。

桜庭は講談社時代の熊谷の後輩で、戦時中に満州へ渡り、講談社系列の出版社に勤めて羽振りを利かせた後、敗戦で引き揚げてきて昔の誼《よしみ》で熊谷寛に拾われ、先輩のベテラン編集者、原田常治を追い出して副社長に就き、業務部門を掌握したブラフ派だった。

私が熊谷家の居候になった途端、ロマンス社の社長室で秘書とも給仕ともつかない雑用を仰せ付けられ、詰め襟の学生服姿で急遽アルバイトに駆り立てられるのは、社が熊谷の社長派と桜庭の副社長派に分裂し、訌争に巻き込まれたからだった。

ロマンス社はそれまで、「ロマンス」を旗艦に、次々と創刊する雑誌が好調に推移していた。だが、短日時で出版界を席巻した僥倖さが社員を驕慢にさせ、生きものである雑誌の最大の敵――マンネリ化の道を辿らせはじめた。

まず、「ロマンス」「婦人世界」の売れ行きに翳《かげ》りが見えはじめた。日本のメイン通り、銀座西八丁目の徳富蘇峰の民友社の土地と建物を買い取って、蒼然たる二階建てのビルに、看板雑誌の誌名をネオンサインで明滅しはじめると、外観の華やかさに反した社の前途を予感させる動きが表面化してきた。

銀座に進出し、会社一丸となって、初心に還り精進すれば、洋々たる前途が拓けるだろう。逆に過去の栄光に酔って、惰眠をむさぼっていれば凋落は必至である……。

それがロマンス社は、惰眠をむさぼるどころか業績が傾くと同時に、社は分裂訌争の最悪の道を突っ走ることになった。

二百名近い社員が二手に分かれ、血相を変えて罵り合う日々がつづき、二億数千万円の債務を抱えて倒産するのは、私がアルバイトに採用された三ヵ月後の昭和二十五年七月十四日だった。

踏み躙《にじ》られた夢

すぐロマンス出版社が発足。式場病院を経営する傍ら、放浪の画家・山下清を世に出し、芸術関係の著書を持つ医学博士・式場隆三郎が、社長に推された。

だが、一部債権者の反対で流れ、大口債権者・日本交通公社の顧問弁護士浅田清松が社長代行に決まったものの、これを不満とする編集部の重鎮・福山秀賢、大和杢衛ら社長派が、中外印刷の渡辺一郎社長を後楯にロマンス本社を設立した。

そして、八月四日に、ロマンス出版社、ロマンス本社から『ロマンス』二誌が発行された。本社側は『ロマンス』の表紙に急遽ｍｏｄｅｎと、ｒ抜きの間違ったスペルを刷り込んで、発行を強行したのである。

無限責任社員であった熊谷寛は、全財産を差し押さえられて、人質の形でロマンス出版社の平取締役に残され、無聊《ぶりょう》をかこつ日々になった。気鋭の社員は去り、半数以下の社員に減少した社で、『ロマンス』『婦人世界』『トルーストーリィ』三誌が続行されることになった。

私はこの時、福山秀賢、大和杢衛のロマンス本社へ招かれたが、人質に残された熊谷寛に従いロマンス出版社に残り、『婦人世界』編集部の端くれになった。

同じ誌名で競合する形になった『ロマンス』は、本社側の二号目が早くも暗礁に乗り上げて休刊。出版社側は桜庭政雄の天下になって続けられた。が、ベテラン編集者の去った雑誌に往年の勢いはなく、一年そこそこで行き詰まり、東西南北社と麻雀荘のような社名に変更された。

熊谷は、社名変更を機に桜庭と袂を分かち、『婦人世界』一誌を擁して婦人世界社を設立した。根が婦人誌育ちの彼は、乾坤一擲《けんこんいってき》、「風呂敷持参でお出下さい」と宣伝される付録が魅力の実用型婦人誌に、あえて付録を付けない読物だけで勝負するタイプで勝負に出たのである。

しかし、朝鮮戦争の特需景気にわく最中、付録なしの『婦人世界』は企画倒れで振るわず、一年で社は解散に追い込まれた。

桜庭の天下になった東西南北社も、昭和三十年代までかろうじて生き残っていたものの、『平凡』『明星』といった芸能誌にお株を奪われ消滅。ロマンス旋風は十年にして潰えてしまった。

二百名前後はいた社員は、たちまちにして霧散し、出版界にかろうじて生き残れた者は、ひと握りに過ぎなかった。過半は、他に道を求めて転職して行ったのだろうが、一時代を画した出版社へ残党の行方は、杳として知れなかった。

根の浅い〝水商売〟に生きる怖さを、私は社会生活の劈頭《へきとう》で知ったわけだった。

名編集長の薫陶《くんとう》

一年そこその婦人世界社編集員時代に、癇性の強い福山秀賢のきびしい薫陶を受けた。彼は昭和の初期、中央公論社の『婦人公論』編集主任時代、エリート志向の高かった同誌を大衆路線に切りかえ、読者を倍増させた伝説的な敏腕編集者だった。

読者獲得の方法として、『婦人公論』主催の読者講演会を全国各地で開き、同誌上でお馴染みの文化人を講師に派遣して、読者の輪を広げたことで知られていた。たまたま、富山市の講演会へ出向いた新進評論家・大宅壮一が、会場で見初めた女性が奥田昌なる才媛で、彼女は毒舌評論家の再婚の相手に見初められて、長男・歩、二女の映子の母親となる運命を担った。

福山秀賢は、いわば大宅壮一と奥田昌の月下氷人役になった形だった。ロマンス社出版部に、大宅の先妻との間に生まれた長女を入社させていたのも、福山との二十年来の交友

関係があったからだろう。彼女は、制作部にいた東大出の社員と恋愛の末、結婚しているが、大宅に結婚の許しを乞いに行った折、

「もうカン通式はすんだのかネ」

と、単刀直入に聞かれ、度肝を抜かれたというエピソードが、社内にひそかに流れたものだった。

その女性は、詰め襟・丸坊主頭の見るからに苦学生風情の私に、目をかけてくれて昼食時になると、

「塩澤クン、お食事に行きましょう」

と誘い、度々ご相伴にあずかった。

婦人世界社に招かれた頃の福山秀賢は、五十代半ばだっただろうか。講談社、中央公論社、ロマンス社などを経てきて、婦人誌編集のキャリアは知る人ぞ知るところだった。頭のキレと癇性を同居させた一筋縄ではいかない雰囲気を、その言動にただよわせ、小脇にはいつも文藝書を抱えていた。

その大物が、暇さえあれば活字に目をさらしている若僧の私に、

「君はよく本を読むねえ。月にどのくらい読むの」

と、広い額の下の鋭い眼を和《なご》ませて、聞いてきたことがある。

一日一冊だったか、月に二十冊だったか、愚にもつかない読破ノルマ数を返答したところ、彼特有の屈折した表現で、自らがどれほどの読書家であるかを、次のように語ってく

れた。

「僕も戦前、本はちょっと集めたものでね。空襲で下落合の家が焼けたとき、書斎は一週間くらい、蔵書の余炎でくすぶっていてね。八畳の部屋のあとには、このくらい本の燃えかすが積もっていたものだよ」

と、床から、七、八十センチの高さを、手で示すのだった。

八畳の部屋に七、八十センチの高さの焼けかすが残るほどの蔵書の量とは、どのくらいになるのかを、びっくりして聞きただすと、

「そう……たいしたことはないね。七、八千冊くらいじゃないの。ただ、僕の持っていた本は、二度と手に入らない初版本や、中央公論社に関係していた文豪たちの署名入りのたぐいでね」

こともなげにそう言うと、容貌に似合わないカン高い笑い声をあげた。

この御大は、『婦人世界』編集長に就くと、ことあるごとに部員に難癖をつけてきた。

駆け出しの私が、黒人兵と人妻の日本人との間に生まれた混血児の記事をルポした折、黒人兵の肌を「紫壇《したん》色」と書いたところ、

「塩澤クン、僕は君より多少は知識を持っているつもりだが、寡聞にして『紫壇色』という色があることを知らなかった。どんな色か教えてくれ給え」

と、聞いてきた。

下手な答えをしようものなら、次の一瞬、頭の頂点から飛び出すように尖《とが》った声で、青

二才の無知無能ぶりを罵倒することは必定だった。

福山の過去には、文壇を賑わした事件があった。菊池寛が銀座の女給に惚れ込んだというスキャンダルが『婦人公論』に掲載され、その弁明を菊池が書いて寄稿した折、編集主任の福山が、勝手にセンセーショナルなタイトルに変えて掲載したため、激怒した菊池が中公へ押しかけ、福山に暴力を振るった騒動だった。

その時、「彼はいかにも殴りたくなるような面の持主だ」と文壇雀に噂されたという伝説があった。

その噂の主のいたぶりを、編集の駆け出しが受けたわけである。言葉に窮した私は、「浅学非才にして……」と、身勝手な表現を詫びた上で、

「暗赤色の紫壇の色と、黒人の肌が通じるかと、つい筆が走ってしまい……」

と、口ごもりがちに弁明したところ、

「ほう……浅学非才ねぇ。君は齢に似合わぬ言葉を知っているね。いま、いくつなの」

細い目の奥をサディスティックな光でキラキラさせて、追及をゆるめなかった。

小島政二郎、吉屋信子といった人気作家も、福山秀賢の該博な知識や原稿催促の折の手紙の見事な筆跡には、一目も二目もおいていた。そんなつわもの編集長の、いたぶりのターゲットにされては、目も当てられたものではない。

幸か不幸か、ねちねちと痛めつけられた駆け出し時代は、一年足らずで終わった。

『婦人世界』の判型、編集方針を変え、福山イズムに染め直したものの時流に合わず、業

績不振で解散することになったからだった。

初めて持った部下は団鬼六

婦人世界社が閉じられた後、熊谷寛の出戻りの連れ子同然の身で、肩をすぼめて東京タイムズ社出版局に移った。

『東京タイムズ』は熊谷寛が名付け親で、創業の原動力だった。敗戦直後、同盟通信社を辞めて無聊《ぶりょう》をかこっていた竹馬の友の岡村二一に、新聞の創刊をすすめ、言下に断った岡村の下に日参。

「題名は東京タイムズ」とズバリと言い、

「そうだ、イギリスにロンドン・タイムズあり、アメリカにニューヨーク・タイムズがある。日本に東京タイムズがあっても……」

と、新聞界の切れ者を翻意させ、昭和二十一年二月六日に創刊させた新興紙だった。

その経緯から、熊谷は東京タイムズ紙の初代発行人であった。翌二十二年春、この社の出版局から『ロマンス』を創刊し、ロマンス社を独立させた後にも、東京タイムズ社の監査役に名をとどめていた。

岡村二一が、短期間に東京タイムズ社を創立できた裏には、彼には世界に知られた一大特ダネをものにした〝顔〟があったからだ。

彼は、太平洋戦争の直前、第二次近衛内閣の外相だった松岡洋右が、同盟国ドイツ、イタリアに敬意を表すとの理由で、欧州へ出発した時、岡村は随行する十二名の中の一人に新聞記者の代表として選ばれていた。

同盟通信の編集局次長だった岡村に白羽の矢が立ったからだ。この僥倖が、松岡とソ連のスターリンの直接交渉を経て、世界を仰天させる日ソ中立条約の世紀の一大スクープに連なった。

私が入社した頃、十二、三万部は出ていたのだろうか。新橋駅前の昭和通りに面した場所に、拠点をおいていた。廃刊した日東新聞社の六階建ての旧社屋だった。

地下一階と一階が印刷と発送部。二、三階が販売局、四階から上が編集局で出版局は六階の東に面した窓際にあった。

私は、洋画と軽音楽を扱う『スターストーリィ』編集部に所属し、主として音楽部門の担当になった。

この編集部で私ははじめて、後輩編集者を持った。後年のSM文学の巨匠となる団鬼六である。当時は本名の黒岩幸彦を名乗り、翻訳要員として入ってきた。

関西学院大出の黒岩は、大阪訛の巧みな語り口で、自らをつねに三枚目において相手を立てる一見幇間《ほうかん》のような若者だった。

幻冬舎から後年刊行された『花は紅――団鬼六の世界』に、私は二十代時代の彼を知る貴重な友人として、鬼六に乞われ、「団鬼六　二十代放浪の日々」を寄稿しているが、その触りに次のように書いている。

追試験で関西学院大学をやっと卒業したと称する黒岩幸彦が、洋楽と軽音楽を扱うバタ臭い映画雑誌に、翻訳要員として入って来たのは、昭和二十九年の初秋だった。

　自伝『蛇のみちは』で彼は、私との関わりを次の通りに書いている。

「塩沢《ママ》氏は今日は江利チエミを取材するとか、越路吹雪を取材するとかいって毎日、忙しくかけずり回り、終日、机の前で面白くない翻訳をさせられている私は、そんな彼をうらやましく思っていたが、ある日の朝、出社した彼は、今日は新東宝の有力な新人を取材するのだといって、（中略）その新人というのが、新東宝の高島忠夫と中山昭二、それからゲストとして新東宝の司葉子であり、それを新橋の料理屋の二階へ招待して、色々と雑談することになっている……。」

　黒岩は私のこのスケジュールを聞いて、

「高島忠夫と大学時代の親友ですねん。ワテも連れてってくれまへんか」と頼んできた。

　黒岩はさらにつづける。

「『ああ、いいとも』と、塩沢氏はすぐ承知してくれて、編集長の未だ現れぬ事を幸いにすぐ彼のあとについて外に出ていた。

新人スターを招待してある料理屋へ向かったのだが、高島忠夫や中山昭二など、新東宝を代表する若手スター達は、もうすでに来て、何やら雑談の最中だった。

『何や、お前、東京に来とったんか、阿呆』

『久しぶりやんナ、阿呆』

五年ぶりに再会した高島忠夫と私がまずかわした挨拶はこんな調子で、阿呆が最後につくのは相手に親しみをこめているからで昔の習慣なのだが、横で聞いていた塩沢氏はびっくりした表情になっていた。」

ところが、黒岩幸彦は編集長の目を盗んで、私と歌手やスターの取材に出歩いていたことがバレたのと、編集長の病的な吝嗇《りんしょく》さ、卑劣な人となりに愛想づかしして、辞表を叩きつける仕儀となった。しかし彼と私はその後も酒席を重ねた。

三年後、文藝春秋の「オール読物新人杯」に『浪速に死す』が佳作入選、翌三十二年には『親子丼』が入選するという、端倪《たんげい》すべからざる才能を秘めながら、私とのつきあいの中では、黒岩はその鱗片すら見せなかった。

第一、私の下宿に来て、書架に並べられた文芸書の背表紙を一べつだにせず、ワイ談はしたものの、ＳＭのウンチクの披瀝もなかった。

その彼が、黒岩松次郎の名で純文学を、さらに悪魔文学（ロマンノワール）の巨魁・団鬼六その人と知るのは、私が週刊誌の編集長に転じた後だった。

私が週刊誌の長を担った昭和三十年代は、麻雀だのＳＭプレイは一般社会から蔑みの対象でしかなく、ましてそれをモチーフにした小説など、マイナーな奇譚か地下文学の評価しか与えられず、むろんメジャー誌からはお呼びはかからなかった。

いまにして恰好をつけ〝今日の異端は明日の正統〟と言う私だが、当時は稿料も弾めずアイデアも貧困で、一流作家の門は叩けなかったのだ。

そこで団鬼六、阿佐田哲也、川上宗薫、大藪春彦といった異端視されていた作家を起用、エンターテインメントに充ちた小説や読物、さらには特集記事を掲載することで実売部数アップに腐心していたのである。

黒岩幸彦から黒岩松次郎を経て、団鬼六に変身をとげていた二十年来の友には『隠花

東京タイムズ社社長岡村二一。

後列右が若き日の団鬼六。その左が著者。前列は江利チエミと高英男。

植物群』の連載を直に頼みに行き、彼を感激させた。稿料は類誌の半額に充ない廉さであった。

数年ぶりに逢った暗黒文学の大御所は、昔と変わらぬ気さくさで用談がすむや、

「先輩、いっぱいやりまひょか」

と、右手で杯をあげるしぐさをした。

「快楽なくして何が人生」の主張のまま生きた団鬼六と、野暮な私とは〝水と油〟の感があった。しかし、慣れ合いで、貶しあっていても、二人の間には、いたわりの友情があった。

黒岩が〝悪魔文学《ロマン・ノワール》の巨匠〟と畏敬されるようになり、遙かに遅れて私が出版界の落ち穂拾いの体で何冊かの拙著を持つようになって再会した時、

「あんたが、このような本を書くとはねぇ」

と、言い合ったものである。

外見だけで人を評価して、後で思いもかけぬ才能、人となりを発見し、自らの浅薄さを恥じ入ることは少なくないが、黒岩幸彦のケースは恥じ入った最たるものだった。

貧乏新聞社の薄給

東京タイムズ社の出版局には三年余り勤めただけだった。雑誌の売れ行き不振で、休刊になったのを潮時に退社に追い込まれたのである。

ほどなく、内職原稿を寄稿していた双葉社から声がかかり途中入社したが、同社からは東京タイムズ社より六千円多い給料を提示された。聞きようによっては、大幅にアップしたように感じられるが、これは前社の給料が「息を呑むほど安かった」からである。

大袈裟なこの表現は、東京タイムズ社政治部に、ほぼ同じ頃在籍していた早坂茂三（「角栄の語り部」として知られた田中角栄の名物秘書）の『田中角栄という生き方』（宝島社刊）からの引用で、問題の件は次の通りに書かれている。

早坂は日比谷の市政会館地下にあった『東京タイムズ』という小さな新聞社を受験。社長の岡村二一から面接でいきなりこう訊かれた。

「キミ、やっとったな」（筆者注・左翼活動）

「やってました」

「ほかに受けなかったのかね」

「読売を受けましたけど、入れてくれませんでした」

岡村はこう言った。

「じゃあここでやるのか？　うちは貧乏だけど」

「使っていただければ幸いです」

こうして早坂は東京タイムズの記者になった。ただし、二年間は組合の仕事はしないという条件付きである。

給料は「息を呑むほど安かった」が、何とか希望の新聞記者になった早坂は、政治記者となる。


早坂は東京タイムズ社入社二年後、三十二歳の時、田中角栄に「秘書にならないか」と口説かれ、岡村二一に秘書転身の報告に行くが、その件《くだり》はいかにも浪曲的で面白い。

早坂は『東京タイムズ』社長の岡村二一のところへ、秘書転身の報告をしにいった。その時、岡村はこう言った。

「角さんは面白い男だ。ここで苦労するよりもやりがいがあるだろう。ただ、ウチは貧乏で退職金も出すことができない」

岡村はその場で自分の札入れから有り金を全部出すと、机の上に並べた。

「これを持っていけ」

金額は7万8000円ばかり。当時の早坂の給料三ヵ月分だった。

「君の服はひどい。そのカネで、洋服を3着ばかり、靴も2足ほど、デパートにでも行って買うことだ」

そして、岡村は最後にこう声をかけたという。

「角さんにとことん尽くせ。かわいがってもらえ。いいな」

早坂はお辞儀をして社長室を出た。そして階段を降りながら涙を流した。


私は、岡村二一が、政治部記者早坂茂三の退社の時に見せたこの配慮と、出戻りの連れ子同然の私の退社の際の、あまりにも懸隔の大きさに呆然の呈であった。

双葉社に転じ、週刊誌の編集長となって、恩返しの意味も込めて、新春特集の巻頭で大宅壮一対談を企て、東京タイムズ社を訪ねた時、社長室に居た先客に岡村は次のように口走ったのだった。

「この男は、僕の生まれた村の後輩でね。いまや村の出世頭だよ」

在社中は歯牙にもかけてもらえず、退社の際にも一顧だにもしなかった下っ端への言葉にしてはオマージュにすぎる。彼の冷淡さは、甥の岡村進にも及んでいた。私は彼からも伯父の仕打ちをきいているが、ジャーナリストの英才は、青二才を〝時価〟で評価していたのだろう。

東京タイムズ社時代は、屈折を強いられた歳月だった。が、反面教師・担当雑誌編集長の下賤な言動に翻弄されたお陰で、泥縄式に軽音楽、大衆音楽関係の本を読みあさり、関係者に会いチャンスを広げ、その後の暮しに役立てる力を貯えることができた。

日本のジャズ発展に大きな役割を果たした〝日本のサッチモ・南里文雄〟物語を、ジャズ専門誌の『スイング・ジャーナル』に連載する機会を持てたのも、さらに後年『昭和のすたるじ流行歌』（第三文明社刊）『愛唱歌でつづる日本の四季』（論創社刊）、『昭和の流行歌物語』（展望社刊）など、歌関係の二十数冊の著書を書けたのも、安給料の新聞社や、品性に欠けた上司のしごきに耐え、我意を張り通した故であった。

これら反面教師の面々に、あらためてお礼を申し上げたい心境である。

私は当時から、レコード会社のLPジャケットに、署名入りの解説を書いていた。その一方、双葉社の倶楽部雑誌にも、生活費の一助にと雑文を匿名で書きまくっていた。

この社には、同郷の竹馬の友、澤柳秀男が編集次長格で采配を振るっていたのである。

日本のトランペット王・南里文雄（右）と。

双葉社・週刊誌編集長時代

双葉社の成り立ち

由来、新聞記者には、他誌に政治、経済、芸能といった担当分野から得たゴシップを流用し、飲み代を稼ぐ陋習がある。

後に部長、局長に出世したり、野に出て名を成す人物でも、この陋習を重宝して来た者は少なくないだろう。だが、この手のアルバイトに馴れてしまうと、本格的に仕事に取り組む姿勢を失い、お座なりのゴシップ集成を遺す雑文書きに終わってしまう。

私の周辺にも、この種の雑文書きは枚挙にいとまがなかった。

転職先の双葉社は、新聞、業界紙記者が小遣い、飲み代を稼ぐ格好の舞台であった。この社は、岐阜市を発祥の地としていて、創立者は先見性に富んだ矢澤領一であった。彼は世襲の米穀商を継承していたが、言論の桎梏《しっこく》から解放された戦後の社会を見るにつけ、娯楽を提供する出版の洋々たる前途を予感して、家業の傍ら、家の片隅で娯楽読物雑誌の発行を思いたったのである。

三人兄弟の次男を営業、末弟を編集の責任者に据え、典型的な同族会社として、「花形講談」を手始めに、同工異曲の大衆読物雑誌を次々と創刊していった。

創業した昭和二十三年（一九四八）当時は、紙に印刷してあればなんでも売れたあぶく出版時代は終わり、仙花紙に刷った俗悪なカストリ雑誌、あらずもがなの通俗雑誌・駄本は淘汰《とうた》されつつあった。

『日配時代史』を参照すると、昭和二十三年当時の出版状況は、次の通りだった。

アメリカの対日占領政策が、右寄りに大きく変わり始めた四八年は、幾多の重大事件を巻き起こしながら、不安と不穏の空気の中に暮れていった。出版界からは年初から一段と高進したインフレのために読者の購買欲が低下し、販売の伸びは萎縮した。出版物の生産力は、用紙の割当が厳格となって一時は混乱したが、後半に至って軌道に乗ったため、まずまずの状態に戻りつつあった。といっても、仙花紙の出回りに助けられた面が強く、ことに雑誌の増ページ競争では、結局は資本力のある出版社を利する形となった。しかし全体的には、不況のために相対的生産過剰現象を呈し、読者も駄本の氾濫をきらい、清新な良書の出版を望んだこともあって、店頭には品物がダブつき、過大な返品を招いた。

返品洪水のとばっちりを受けて、雨後の筍のように叢生《そうせい》していた新興出版社は、バタバタと倒産していった。日本読書新聞（昭和二十三年十二月二十一日付）には、「倒産するもの続出、現在までに千四、五百の脱落組を出したといわれ、一応活発に動いている社は現在五百社と業界はふんでいる」

と、三分の一に淘汰された厳しい現況を伝えていた。

双葉社は、雨後の筍的出版社の没落が急ピッチで始まり、逆に、戦前からの伝統ある出版社の講談社、小学館、文藝春秋などが地力を発揮して台頭してくる時期に、呱々《ここ》の声をあげたことになる。

ところが、岐阜市で創業した双葉社には、大きなハンディがあった。執筆者の過半は首都圏に居を構え、文化、文明の拠点はこの圏内に在ったことから、社長の矢澤領一、編集長の矢澤貴一は、岐阜から東海道線で八時間もかけて上京。作家回りをせざるを得なかったのだ。

時代の空気を敏感に反映させる、生きものとしての雑誌づくりを持続させるためには、本拠を移さなくてはならない。矢澤社長は、二十七、八年にかけて一家眷属《けんぞく》を促して上京。市ケ谷の外堀沿いの風呂屋の跡を買って改築し、本社とした。

田中角栄が土建業を飯田橋で開いた頃、

「娘を連れて入りに行った風呂屋だった。よく、覚えているよ」

と、一国の総理に昇りつめ、目白の一等地に敷地面積二千五百七十五坪（約八五〇〇㎡）を手に入れ、広壮な目白御殿を築いた頃、懐かしそうに私に回想した場所であった。そこは、左隣に昭和五年十一月十四日東京駅で、濱口雄幸首相を狙撃死亡させた佐郷屋留雄の護国団があり、児玉誉士夫ら右翼の梟雄が出入りしていた。

キャラメル商法

双葉社で発行する雑誌は、『読切傑作集』『傑作倶楽部』『小説の泉』『大衆小説』『剣豪列伝集』と表向きは多彩だった。矢澤社長は、これらの雑誌に加え、特集、別冊、増刊も間断なく出す経営方針を展開したことから、表紙と誌名こそ異なっていたが、各誌に登場する作家の顔ぶれ、読物は同工異曲のオンパレードとなった。

タテマエとして、オリジナリティを重んじる出版物に一見、背馳《はいち》した雑誌づくりと思われたが、商才に富んだ矢澤社長には牢固とした戦略があった。彼はそれを〝キャラメル商法〟と名づけていた。一箱に二十粒入ったキャラメルは、一粒一粒同じ形で同じ味だが、顧客はよろこんで口に入れる。双葉社で編集発行する十数誌の大衆読物誌もこのキャラメルと同じで、外装の誌名と表紙の絵が異なるだけ。内容はほとんど同じであっても、読者は読んでくれると言う計算だった。

〝倶楽部雑誌〟とも呼ばれた双葉社の雑誌群は、無名の作家の絶好の発表舞台となり、彼らはここを生活のよりどころとする一方、腕を磨く舞台として切磋琢磨《せっさたくま》しあったのである。後年、直木賞をはじめとする、各社の大衆小説の新人賞受賞作家が、双葉社の雑誌群から続々と飛び立っていったのも、この社の雑誌戦略を知れば、納得出来るだろう。

時流をつかむことに鋭敏な社長は、文芸出版の老舗、新潮社から『週刊新潮』が創刊され、出版社をバックで週刊誌の発行が可能と見るや、その二年後に『週刊大衆』を創刊していて、私は週刊誌編集の要員としてこの社に呼ばれた感があった。反対意見が多かった大衆というマイナーな響きのある誌名を、社運を左右する週刊誌に冠するあたりに〝大衆娯楽の殿堂〟を目指す創業者の意気込みがあった。

双葉社の躍進の弾みは、『週刊大衆』を創刊した後の十年間にあっただろう。彼はつづいて『週刊実話特報』、隔週刊の『漫画ストーリー』『推理ストーリー』『世界秘境シリーズ』等を矢継ぎ早に創刊していずれも軌道に乗せ、昭和四十二年（一九六七）には『漫画ストーリー』を週刊化させた。数年後に創刊する青年コミック誌のさきがけ、『週刊漫画アクション』の前身となる雑誌だった。

双葉社社長矢澤領一。

「傑作倶楽部」。

『週刊大衆』からは、藤原審爾の「赤い関係」、南條範夫の「月影兵庫旅を行く」、大藪春彦の〝掟シリーズ〟、川上宗薫の〝好色シリーズ〟など、エンターテインメントにみちた傑作小説が生み出された。その金字塔的作品に、ピカレスク（悪漢小説）の名作の評価を定着させた阿佐田哲也の「麻雀放浪記」があった。

名うての小説読みの巧者・吉行淳之介は、

「これだけ面白い悪漢小説・教養小説（？）には、めった出会えるものではない」

と絶賛し、ムツゴロウこと畑正憲は、

「これは、戦後の大衆文学の最大の収穫だと言ってよかろう」

と激賞した。

後年直木賞を受賞する色川武大が、麻雀すると徹夜になるから「朝ダ徹夜ダ」（阿佐田哲也）のペンネームで綴った四部作だった。

『漫画アクション』からは、連載と同時に劇画界の話題を呼ぶ幾多の傑作が生み出された。その数編のタイトルを紹介するだけでも、この雑誌が斯界《しかい》に果した大きな足跡と、読者に与えたよろこびの重さが、ご理解いただけよう。モンキー・パンチ「ルパン三世」、小池一夫&小嶋剛夕「子連れ狼」、阿久悠&村上一夫「同棲時代」あるいは、どおくまんプロ「嗚呼！　花の応援団」、はるき悦巳「じゃりン子チエ」、畑中純「まんだら屋の良太」、矢作俊彦&大友克洋「気分はもう戦争」、いしいひさいち「がんばれタブチくん」など、劇画界をリードする名作、傑作漫画だった。

これらの漫画のヒーロー、ヒロインたちは、連載期間を通じて時代の寵児的な存在となり、時の流れを読む〝記号〟の役割となるほどの症候を呈したものだった。

長期連載だった臼井義人の「クレヨンしんちゃん」に至っては、青年コミック誌から飛び出して、幼児の読者まで広がり、テレビアニメ化されてミリオン・セラーになっていた。

首脳陣を同族で固めた矢澤体制の双葉社は、昭和四十五年（一九七〇）に社員、発行雑誌のすべてを居抜きで、大手証券会社系列の社に譲渡して、一族は身を退いた。新経営陣に洋紙会社社長の瀬川雄章が迎えられて、出版方針の一新を図った。しかし、根が紙の卸商と証券会社系の新経営陣は、社員の資質、社の体質を超えた理念に走って、社員の反発を招き、労組対立の根強い因子を懐胎させてしまった。

新経営陣は、役員の顔ぶれをめまぐるしく変えて労組との和に腐心するが、瀬川はその心労が高じて急逝した。私も体のいい首切り要員向きの取締役にされた口だったのだろう。瀬川社長の頓死は、私が辞めた一年半後で、年功序列に従って清水文人が、代表取締役社長、経理のベテラン鈴木清が同専務に就任して、経営に当たることになった。

社員の期待を担ったプロパー経営陣の下で情報誌、コミック誌、ゲーム誌、女性誌、双葉文庫など、意欲的な新雑誌に取り組む一方、昭和五十九年（一九八四）には新宿区東五軒町に新社屋を竣工、三十年を閲《けみ》した市ケ谷の堀端から移転した。

平成二年（一九九〇）に鈴木清が代表取締役社長に就任した。バブル経済がはじけて雑誌の伸びは思わしくない、広告も激減する大きな転換期に、計数に明るい鈴木が社長に就いたのは、当を得たものだった。運も実力の内といわれるが、彼が社長となると同時に、『漫画アクション』連載の「クレヨンしんちゃん」のすごいブームとなった。そのコミックは、初版百万部を超す刷部数で、羽根が生えたように売れ、アニメ・グッズと、関連商品も売れに売れた。

『新宿鮫』で大沢在昌が第百十回の直木賞を受賞したのは、平成五年（一九九三）だった。彼は双葉社の小説推理新人賞第一回の受賞者で、同誌のレギュラー執筆者だった。新潮社が新設した山本周五郎賞の平成四年度受賞作品の宮部みゆきの『火車』は、出版部から刊行された小説だった。

五十周年を目前にして、昭和二十三年（一九四八）から歴史のある「日本推理作家協会賞」授賞作品の文庫化にのり出し、横溝正史、松本清張など十四点を、第一期にスタート。この秋には、二十一世紀を視野に入れたトップ人事を断行した。広告部育ちの八ヶ城五郎が、新社長に就くという年功序列を破った破天荒人事で、社は活性化した。

その一方で、平成十五年（二〇〇三）十月十四日号をもって『漫画アクション』が休刊したのも、時代の趨勢《すうせい》といえた。

人間に寿命があるように、生きものである雑誌にも、苛酷な法則があるあかしと言えた。

週刊誌生活十五年

私はこの双葉社に二十年勤めた。十五年間は、社の旗艦誌を担わされた。『週刊大衆』の編集で、その内十年は、編集責任者。さらに出版部に転じ、四十五歳で退社するときには、肩書きはお笑いにも取締役編集局長の立場にあった。

十年に余る私の編集長時代、多くの編集部員が協力してくれた。また、器量に欠ける長の下で彼らには苦労をかけた。

それが反面教師になって、部員の中から後任編集長が輩出した。井上功夫、安藤英夫、青木信也、高野正次、杉山浩、是永徹の諸兄である。特に井上功夫は、長期にわたり黙々、私を支えてくれた。

私は三代目で、初代は編集局長兼任の創業者の参弟。二代目は社長の娘ムコ殿だった。両者はいずれも、二年で長から退いている。これは、社長の体面を忖度するあまりに、誌面が甘く、週刊誌としての灰汁《あく》が足らなかったからだろう。

その点、社長一族に何の関わりのない三代目は、編集責任の一切を負わされて、売り上げアップに狂弄せざるを得なかった。百日かずら然の頭髪が、見るも無惨に失われた（笑）のは、その苦労の故かも知れない。

『週刊大衆』は現在、この社の「"不沈空母"と称される大衆誌」（週刊文春評）になっている様子だが、創刊されたのが昭和三十三年（一九五八）三月だったから、平成三十年（二〇一八）春現在——通巻三千七百九十余号を発行してきたことになる。

私は創刊号からかれこれ、七百数十号の編集に関わっていたわけで、ご苦労にもその内の五百二、三十号の編集責任者であった。末期高齢といわれる年齢まで生き長らえている現在、往年の労をねぎらってか、毎号寄贈いただいているが、一瞥したところ、四十余年前と今の週刊誌づくりは隔世の感がある。

私の編集長当時は、『週刊アサヒ芸能』と共に『週刊大衆』は、官能型週刊誌の範疇に入れられ、警視庁に目の敵のような扱いを受けていた。ヘア丸見えのヌード写真など、想像だにできず、小説の描写でも読者の官能を刺激する箇所が数行続くものなら、即座に警視庁へ呼びつけられ、始末書を書かされた。

猥褻の法的解釈は、戦後に限ってもおそろしいかぎりの変わりようで、科《とが》を問われた個所を時系列に並べたら、この国の法律体系の杜撰さが一目に明らかになるだろう。一国の法律と、取締る側の粗雑、ぞんざいさのために、国民はどんなに苦しめられたか、東大法科出身の秀才官僚たちに〝ヘア勲章〟功一級を贈りたい心境である。

妄言はさておき、出版社から週刊誌が刊行され始めたのは昭和三十年初期で、当時の背景を『証言の昭和史』（学習研究社刊）に私は次の通り書いている。

出版社系初の週刊誌

週刊誌ブームの先駆けとなった『週刊新潮』は、文芸出版の老舗《しにせ》、新潮社から、昭和三一年二月六日に創刊された。発刊の日付は二月九日号である。B5判・本文六四ページ・グラビア一六ページ・誌価三〇円の片々たる小冊だった。出版社系週刊誌としては初めてで、スペキュレーションのニオイが強い出版界でも、その前途は危惧《きぐ》されていた。

それは、週刊誌が新聞社という巨大な機構と、網の目のように張りめぐらされた取材網、全国津々浦々に届く販売網、そして誌面を埋める広告があって、初めて可能な定期刊行物と考えられていたからである。

出版界の牢固《ろうこ》としたこの常識を破って、新潮社が週刊誌の創刊を思い立ったのは、つぎのような理由であった。

「出版というものは、本来、机と電話さえあればできるといった、小規模な事業である。だが、規模の大きさがある程度超えると、経営を安定させるためには、当たり外《はず》れがあって、不安定な単行本だけに頼ってはいられなくなり、どうしても恒常的に量産を続けられるものを出す必要に迫られてくる」（百目鬼恭三郎『新潮社八十年小史』）

この当時、新潮社の社員は一〇五名だった。終戦の年、社長以下三〇人足らずの社員で再出発した同社が、一〇年目には一〇〇名を超える大所帯になっていたのである。社員増に比例して、出版点数も激増していた。再出発の年が、月刊誌『新潮』一誌と新刊点数八だったのが、昭和三〇年には、月刊誌三誌と新刊は三六九点に達していた。単行本八〇、全集・叢書《そうしょ》一三種一三三、辞典一、年鑑一、新潮文庫一五四が、その内訳だった。外部で見るかぎり、――文芸出版社としてゆるぎない体制を整えていたが、新潮社はこの体制でもなお、安定につながらなかったのである。一点一点がバクチのような当たり外れの多い出版業の宿命であった。世間では、出版社を〝水商売〟とよび、その仕事の精神的な高さに比べて、経営がその日暮らしの場当たり性であるのを、ひそかに軽蔑《けいべつ》していた。

新潮社がこの時点で、週刊誌にターゲットを絞ったのは、新聞社系週刊誌が全盛だったからだ。扇谷正造《おおぎやしょうぞう》氏に率いられた『週刊朝日』は、戦後一〇万部台から出発して、一〇〇万部台を突破する大部数となり、そのトップ記事が世論を動かすほどの話題性をもつに至っていた。

『週刊新潮』の発案者は、現社長佐藤亮一《さとうりょういち》氏だった。創業者の直系にあたる佐藤氏は、当時、副社長兼出版部長の要職にいた。創刊の一年前から、自宅に四、五名の社員を招いて、具体的な検討をはじめたが、どのくらいの記事を集めれば週刊誌の体裁が整うのか、スタッフは最低何人ぐらい必要なのか、皆目わかならなかった。

新聞社系の逆をつく

資金を三〇〇〇万円用意し、準備期間を六カ月とって、『週刊新潮』編集部は始動することになった。まず、準備期間の過程で、克服すべき隘路《あいろ》は三つあった。

一つは、販売の問題である。先に述べたように、新聞社系は自社の新聞配達ルートがあり、週刊誌もここでさばける。ところが、出版社の場合は、組織化されたそのようなルートはなかった。『週刊新潮』は、従来の流通機構と、あらたに鉄道弘済会《こうさいかい》、新聞即売スタンドにのせることにした。

その二は、入り広告の問題だった。週刊誌は毎号、数十万部を発行し、莫大《ばくだい》な制作費を必要とする。この製作・編集費は、雑誌自体の売上げと、広告などの収入で補っていかなければならない。これについて、新潮社が数十年にわたり出版広告をやっている実績を買われて、大手の広告代理店が特殊面の買切りなど、全面的にバックアップしてくれることで、のり切る目算がたった。

のこる三つ目は取材であった。新聞社系週刊誌は、全国に張りめぐらされた取材網を使って、速報を旨とした特集記事をつくることができる。だが、出版社では、その点は競争にもならない。窮余《きゅうよ》の一策として考えられたのは、文芸出版社として発展してきた、新潮社の地の利を活かすことと、新聞社系週刊誌の対岸に立って、新聞社系にやれないこと、きづかないことを狙っていくことであった。

『新潮社八十年小史』は、次のようにつづる。

「何から何まで新聞社週刊誌の逆手に出るという事は、新聞社週刊誌に対する批評にほかならない。新聞の延長線上にある新聞社週刊誌は、ニュースを表からしか扱わない。

そのため健全な家庭の読物として発展したのであるけれど、増大したホワイトカラーの読者にとっては、あまりにも表面的にすぎて、物足りないという不満があった。『週刊新潮』は、その欲求不満にこたえる週刊誌という性格を明らかにするために、まず、新聞社週刊誌に対する批評という形をとって発足したのである。重大なニュースを押しのけてゴシップ欄を巻頭にもってきたという事は、新聞社週刊誌のもっともらしいニュースの価値基準に対する、痛烈な批評だった。」

誌面の形態は、このように新聞社週刊誌のアンチテーゼ的骨格を組みあげていったが、次に問題になったのは、その骨格に肉づけをする記事——それを取材し書きあげる人材であった。ひろく外部からすぐれた記者が集められた。評論家草柳大蔵《くさやなぎだいぞう》氏、作家の井上光晴《いのうえみつはる》氏などは、このときアンカーとしてかかわりをもつが、草柳氏は同誌上で、パーティ・ジャーナリズム方式を編み出す。

出版社系週刊誌の特集記事作成の草分けとなったその方式とは、一本の特集記事を集団で取材して、最後のまとめを筆力のある一人のものがやる、というものだった。データ・マンとアンカーというシステムである。そして、井上氏は、データ・マンの集めてきたコメントを、正確につないでいく〝薮《やぶ》の中スタイル〟という、したたかな文体を作り上げた。

『週刊新潮』は、ここに出版社系週刊誌としてのスタイルと、存在を確立する。

週刊誌ブームおこる

『週刊新潮』の成功は、マスコミにおける活字メディアの分布図を大きく変えたといわれる。〝新潮コロンブス〟の出現で不可能とされた週刊誌の刊行も夢ではない……とわかると、力のある出版社はわれがちに、週刊誌の創刊にのり出すことになる。その顔ぶれは、次の通りだった。

同年一〇月、徳間書店のタブロイド判の週刊新聞であった『アサヒ芸能新聞』が『週刊アサヒ芸能』に衣替えをしたのを嚆矢《こうし》に、翌三二年、河出書房から『週刊女性』が創刊される。

三三年に入ると、双葉社から『週刊大衆』、集英社から『週刊明星』、光文社の『週刊女性自身』とつづき、三四年には講談社の『週刊少年マガジン』、小学館の『少年サン

「週刊大衆」創刊号。

「週刊新潮」創刊号。

デー』、講談社『週刊現代』、文藝春秋『週刊文春』、平凡出版『週刊平凡』、実業之日本社『週刊漫画サンデー』、中央公論社『週刊コウロン』などであった。

この年の雑誌の発行部数は、月刊誌四億六〇〇〇万冊、週刊誌五億二〇〇〇万冊で、週刊誌は月刊誌を部数の上で完全に凌駕し、『週刊新潮』創刊から、わずか四年目にして、〝週刊誌の時代〟がやってきたことをうなずかせた。『週刊新潮』の成功に触発されたとはいえ、この時期に、出版社系の週刊誌が簇生《ぞくせい》したのは、経営の安定もさることながら、出版社としてのステータスの問題があった。光文社の一時代を画した神吉晴夫氏が、いみじくもいっているが「週刊誌を出せるということはその出版社が一流であるというあかしなんだよ」ということであった。

むろん、週刊誌を創刊し、成功に導いた出版社のすべてが、一流というわけではない。二流、三流の社でも、その社の規模、特色を活かして、採算ベースに乗せた例が少なくなかった。筆者が一〇年にわたり編集長をつとめた週刊誌も、大衆雑誌社という立地条件で、少ない人材と少ない製作・編集費により、それなりの成功をおさめていた。

逆に、歴史と伝統のある出版社から出されて休刊に追い込まれる週刊誌もあった。中央公論社の社長みずからが編集長を兼務して創刊していた『週刊コウロン』がその一誌だった。「数多く出版されている週刊誌のなかに飛び込むには何か特色がなければならない。定価二〇円としたのもその一つの現れ」（嶋中鵬二《しまなかほうじ》氏談）と、定価に特色をもたせたのがつまずきの始めだった。

弘済会関係が非常に売れたことから、「二〇円の『週刊コウロン』が売れるために、他の三〇円週刊誌の売れゆきに支障を来すから、扱い部数を制限したい」との申し入れがあったのだった。

これは、定価二〇円の『週刊コウロン』の正味率が、三〇円週刊誌と同じだったため、弘済会の売上げ金額が減少したことから、要望されたのである。『週刊コウロン』は、三五年一月から、増ページにして三〇円に引き上げるが、この値上げによって部数はダウン、休刊への道を辿《たど》ることになる。

嶋中氏の言葉によると、「週刊誌であるためのスピード性に相当の費用がかかってきて、これが他の部門にまで及ぼしてきた」。その結果、人件費、取材費がアップ。直接生産費も食い込む状態になり、ついに休刊を宣言したのだという。

大衆社会時代の嫡子《ちゃくし》

新潮社に勝る歴史と伝統を持つ中央公論社『週刊コウロン』の失敗は、先行誌『週刊新潮』のきわだって巧みな戦略をことのほか浮き彫りにさせる。

新潮社は、六〇年の文芸出版社の顔を活かして、連載小説に谷崎潤一郎の「鴨東綺譚《おうとうきだん》」、大佛《おさらぎ》次郎の「おかしな奴《やつ》」、五味康祐の「柳生武芸帳《やぎゅうぶげいちょう》」を創刊号から掲載。さらに読切小説として石坂洋次郎の「青い芽」、中村武志の「目白三平の逃亡」を加えて、隠然たる力を示したのだ。

ところが、特集記事となると、いじらしいほどおっとりして焦点も甘く、今日にみる辛辣《しんらつ》きわまる筆致の片鱗《へんりん》すら感じられない内容だった。

『週刊朝日』で名編集長の肩書きをほしいままにした扇谷正造氏は、『週刊新潮』を見て、当時、次のような感想をもらした。

「『週刊新潮』が創刊されたとき、ある著名な作家が、すみからすみまでこの雑誌を読み、それから私にこういった。

『キミ、この週刊誌からは、輪転機の響きが聞こえてこないね』

この批評を、私は、たいへん面白いものに思った。というのは、この短い言葉のなかに、しきりに喧伝《けんでん》されている週刊誌ブームと週刊ジャーナリズムとの問題がクッキリ指摘されているからである。」

『週刊新潮』にかぎらず、出版社系の週刊誌は、新聞社系のもつ速報性、機動性に、たしかに欠けていた。輪転機の轟々《ごうごう》たる響きは、耳をすましても聞こえてはこなかった。しかし、テレビ時代に入っていたそのころ、ニュースの第一報は、テレビ、ラジオに奪われ、新聞でさえもはや第二報主義をとらざるを得なくなっていたのである。

出版社系週刊誌は、取材網を駆使《くし》しての速報性を重んじた週刊誌づくりは、端《はな》からあきらめ、第三報主義に軌道を敷いた上で、その埋め合わせとして、独自の視点、角度から話題を掘り起こし、ヒューマン・インタレストの線でまとめていく方針をとったのだ。

創刊から日の浅い時期に、『週刊新潮』の佐藤亮一編集長は、そのあたりを明確な言葉で、次のように述べていた。

「うちは、ヒューマン・インタレストの線で編集しています。グラビアでも、はじめに人間の顔を持ってきます。ニュース性を犠牲にしても、人間の顔、だからまあ、文学的な編集というのでしょうか……。セックスものを扱うと、やっぱり売れるが、それがすべてだと思うと、大間違いだと思うんです」(週刊誌研究班編『週刊誌』)

初期の出版社系週刊誌は、人間臭さを売りものに、おしなべて「やっぱ売れる……」セックス記事を、売るための有効な戦術として使い、激浪をのりきっていったといえる。

折しも、時代は〝大衆社会〟にさしかかっていた。旧《ふる》い権威と権力から解放されたカオスのような社会であった。十数インチのテレビのブラウン管から流される洪水のような情報は、凹凸の多かった社会を平均化し、その番組編成は、週単位生活になじませていた。

「週刊誌」という雑多な情報、娯楽、知識を盛った感情的な紙の容器《うつわ》は、この時代にもっともふさわしい刊行物の形態であった。

幸運にも、私が週刊誌を担当した頃は、活字に力があった時代で、その追い風もあって現在より、遙かに大人しい稚拙な誌面作りでも売れていた。いまや気息奄奄《きそくえんえん》の新聞系週刊誌が、百万部を豪語していたものだった。

十年間という長期にわたる編集長が可能だったのは、ひとえに時の利に恵まれたからであった。それ故、出版ジャーナリストの看板をかかげ、かなりの拙著を刊行してこられたが、いままで週刊誌編集者時代をはじめ、自らの身辺を語ることは潔しとしなかった。

一例を挙げれば、『週刊大衆』の誌名を高めた阿佐田哲也の「麻雀放浪記」は、私が編集担当時代に登場していた。しかし、担当した部員の功績は顕彰することはあっても、麻雀の〝マ〟の字もわからぬ自らについては、二人の関係を語る時はカリカチュアライズするのを常としてきた。

阿佐田哲也こと、色川武大も私が麻雀に近づくことを諌めていた。

その辺りについて、拙著『戦後出版史』の「あとがき」に、次の通りに書いている。

生家が酒屋だったから酒には縁が深かったが、賭けごと、運動《スポーツ》、観光といった方面には関心が薄かった。

そんな無趣味な私が編集長を務める週刊誌で、鬼才・色川武大氏に懇願して「麻雀をやると徹夜になるから〝朝ダ徹夜ダ〟」と急ごしらえのペンネーム「阿佐田哲也」で、『麻雀放浪記』を連載していただいた。吉行淳之介に「これだけの面白い悪漢小説（？）には、めったに出会えるものではない」と激賞された傑作である。

スタートするや大好評で、低迷久しかった掲載誌の伸長に絶大な貢献をしてくれたばかりか、本名では容易に筆をとらない〝食客〟色川氏の生活擁護？　に、きわめて大きな役割をはたしたのである。

「麻雀放浪記」が話題になりはじめた頃、麻雀遊びにおくればせの入門を、ほのめかしたことがあった。

すると、色川氏はおだやかな表情で、二重瞼の大きな目で私をのぞき込むようにして、

「シオさん、こんな遊びをいまから覚えることはないですよ。あんたには賭けごとをやらないから、運を小出しに使っていない。だから、いい運を持っているんですよ」

と、ユニークな運勢観をもらして、カンの悪いぼんくらの入門をやんわりたしなめてくれた。（中略）

いまにして思うと、麻雀に近づかなかったのは、博才のない身にとってはよかったと考えられる。周辺を見ると、麻雀、競輪などの射幸に走った編集者の定職を離れた後の人生は、おしなべて暗いようである。

〝阿佐田哲也〟こと色川武大。

「麻雀放浪記」。

初陣まで

二十年間務め、その内十年余は〝不沈空母〟の艦長（笑）。さらに出版部長を経て取締役編集局長になった男が、経営体制が変わってほどなく退社した……となると、きなくさいトラブルを想定される向きもある。

私が唐突に辞めた時、大口出資の大和証券系列からの出向役員も同時に辞任していることから、経営をめぐっての齟齬のあったことは否定しない。が、「そして誰もいなくなった」現在、唯一の生き残りがわがもの顔に真相を語るのは、つつしむべきであろう。

この著の書き出しの部分の——四十代半ばで身を引いた双葉社の後、「前途への見通しが全くないまま、闇夜にサングラスをかけた心境で、路頭にさ迷い出たが……」云々と記述している。

続けて、「再び勤める手段を考えなかったのは、学も才もない身に加え、中途半端な年齢。曲がりなりにも中堅出版社の……」と述べた部分の訂正を許されたい。偽りなく告白すると、こんな半端人間にも幾社からのオファーがあったのは事実であった。

一社は、徳間書店の常務から神田のN社に転じていたH社長からで、同社の娯楽雑誌を週刊誌にしたいので、「外部に編集室を設け、全面的に請け負ってもらえないか」という相談だった。

条件は妥当に思われたので、幾人かの知人に声をかけ、陣容をととのえた上で、N社のオーナーを交え、最後のツメにかかった。ところが、パチンコ業で稼いでいるというオーナーは、実利派と見えて、

「いま、三、四百万円の黒字を出している月刊誌を、激烈な週刊誌戦争に引っぱり出して勝算はあるのか」

と、H社長に問うたのである。

彼は、その一声を即、私にふり向け返答を求めてきた。

曲がりなりにも、週刊誌の長を十年も務め、幾多の苦労をしたあげく、純文学作家志望の色川武大を「阿佐田哲也」のペンネームに隠蔽《いんぺい》して『麻雀放浪記』を書いてもらい、辛くも浮上のきっかけをつくった経緯があった。

その辛労があるだけに、黒字の月刊娯楽誌とはいえ週刊化して、早々に黒字にするのは困難に思えた。正直にその旨を説明すると、オーナーの態度は一変した。

H社長は、オーナーの豹変ぶりを見るや、

「ね、塩澤さん、そういうことなんですよ。この話は無かったことにしましょう」

と、いけしゃあしゃあと、週刊誌化構想をキャンセルしてしまった。

私は、H社長のこの無責任さに愕然とするとともに、いま何社からか持ちかけられている仕事に、心して取り掛からねばの覚悟を固めたのだった。

次の一社は、ノンフィクション系の週刊誌を発行している、とかくの噂のある社長だった。彼はまず、同社の編集顧問に私を取り立て、編集全体の指導と助言を求めてきた。が、その腹積もりは、私が十年培って来た顔を、ブラック・ジャーナリズムの世界に利用させる魂胆にあった。

双葉社退社後、「相身互ですよ」と私の暮しを配慮して下さっていた大和証券の土井社長から、彼の下心を教えられて、即座に顧問契約を解消し、ことなきを得ていた。

いま一つは、端で見るかぎり誠に理想的な話であった。それは、同郷の出世頭で、不動産業で飛ぶ鳥を落とす勢いにあった木下工務店・木下長志社長からの提案だった。

その件は、私がもの書きになって何冊かの著書を持ち、大手新聞社の書評欄に取り上げられたことから、木下から伝記の執筆を乞われるに至り、Ａ５判、布張り箱入りの豪華私家本をまとめた際、「あとがき」に次のように披瀝している。

木下工務店の躍進に次ぐ躍進で、時の人になった多忙の木下長志氏には、先方から声がかからぬ限り、お訪ねすることはなかった。

しかし、社長と過激な労組との板挟みになって出版社から身を引いた時は、挨拶に出向いていった。

木下氏は、浪々の身となる私の前途を心配され、関連会社の嘱託になるか、一緒に出版社を興すことを提案された。

「いまでしたら、三億や五億円はどうにもなります。二人が代表取締役で出版社をやってみましょう。」

ありがたいお奨めだったが、予想が立てにくい水ものの稼業の困難さを考え、固辞して、取るに足らない出版ジャーナリストの道を選んだ。

この時の判断は間違っていなかったと思う。

彼は郷里の信州で二十二歳の若さで独立。漁網会社を興し、百人の工員を使って、ガチャマン景気で成功するが、昭和二十年代の後半、景気が去るや高利の一千万円の負債を残して倒産。家屋敷を抵当に三万円を手にして出奔した。

上京して家具のセールスマンを振り出しに、解体業から土地分譲に乗り出し、十年余にして建売業で名を成した人物だった。

絶頂期の平成二年（一九九〇）には、売上総額八百八十億円、経常利益八十九億円に達したが、バブル経済の崩壊をモロにかぶって社を手放していた。まさにジェットコースター的な人生を体験していて、その処世観はきわめてシビアだった。

私の経てきた道と、木下のそれは〝水と油〟であり、まったく対照的な人生だった。それ故、共に代表権を持っての出版経営は、早晩齟齬をきたすことは必定と考えられたので、感謝をこめてお断りすることにしたのである。

このようにいくつかのお誘いを、自らの力を勘案して辞退した後、私立の小学校に通う三年生と一年生の二女を抱え、これからどのように生計を立てるのかを考えたとき、切迫感と、焦慮感で胃壁を錐で突き刺されるような痛みにのたうつ日々となった。手の裏を返すような周辺の豹変ぶりも苦しみに追い撃ちをかけた。この時の怖れと怒りと苦しみが、後半人生の強靭なスプリングボードになった。

妻はその時、蟄居《ちっきょ》してしまったら安酒に酔い、妻子にうっぷんをぶちまけるであろう愚物の言動を怖れ、とりあえず仕事場を設け、家から出ることを提言したのである。

定期収入を断たれた身で、外部に居場所を置くとなると、その維持費、通うための交通費が必要になる。家庭生活もままならなくなった身で、外に拠点を設けるなど、身の程をわきまえないお笑い種だっただろう。

妻はその頃、家と外の二ヵ所に教室を設け、メキシカン・フラワーなる造花を教え、なにがしかの収入を得るようになっていた。その手前、蟄居は許されない不肖であった。

こんな状態にあるとき、政治家の小坂徳三郎、森美秀、大和証券社長土井定包、政治評論家戸川猪佐武、流動出版社長小山敦彦、双葉社時代の同僚や部下の一部、知人、友人たちからの激励、生活の手立てへの助言をいただいたことは生涯忘れないだろう。名前は差し控えるが、生活費のかたじけない援助の申し出もいただいている。

その温情の有り難さに泣けた。が、甘えていたら道は拓かれない。私はまず、新宿職安通りに、共同で事務所を借り、机一つに電話を一本引き、原則として日曜、祭日以外は通勤する手筈を整えた。四十余年の今日まで続く「今日用《きょうよう》」（今日用がある）と「今日行《きょういく》」（今

妻のテレビ出演の際、いっしょに。

理美フローラスタジオ
コンスターチフラワー
"優しい春のフラワーデザイン展"

二人展　2002年3月9日（土）～16日（土）
塩澤　美子　羽田野　さち子
作品展　3月20日（水）～26日（火）
AM10:30~PM6:00 最終日 PM3:00 まで

妻の「フラワーデザイン展」の案内はがき。

日行く所がある）の体制であった。〝教養〟と〝教育〟ならぬこの生活が、どんなに身の為になってくれたことか。

職なしのフリーの身になった私に、署名入り原稿を最初に頼んできたのは、流動出版社の小山社長だった。昭和五十一年当時、話題の的となっているA・ヘイリーの『ルーツ』翻訳出版の争奪戦についてのルポルタージュだった。

小山社長とは、双葉社時代に赤坂の戸川猪佐武事務所で折々席を共にし、閑談を交わしていたが、時代を映す鏡であるベストセラーを話題にしている時、『ルーツ』の争奪に加わって敗れた経緯を話したことがあった。

社長はこの件を記憶していて、黒人奴隷の末裔が書いた故郷、祖先、根っこを意味する『ルーツ』という翻訳本がベストセラーに躍り出た時、日本での出版騒動の執筆を頼んできたのである。

かえりみると、暗闇でサングラスをかけた心境で、路頭に迷い出、生活の場を模索し始めた私に、当座の仕事に二十余年生きてきた出版界の落ち穂拾いを奨めてくれた人は少なくなかった。『流動』の増刊特集で、『明治の大雑誌』『大正の大雑誌』『昭和の大雑誌』の三部作で成功していた小山社長もその一人であった。

本誌の特別増大号で『出版社の研究』も行っていた。

私に声をかけてくれたのは、昭和五十三年早春で、六月特別増大号に「続・出版界の研究」を企て、メインの「戦後出版産業三十年史」のサブ読物として、著名雑誌、全集、文庫、ベストセラーの舞台裏などを揃えるためだった。

目次を調べると、「大百科事典の成功と『太陽』の創刊」鈴木均、「『悲劇喜劇』から翻訳出版へ」早川清、「文芸出版に賭けた河出書房の三十年」坂本一亀、「『青春手帖』から『愛と死をみつめて』」大和岩雄などに並んで、「『ルーツ』版権争奪戦の内幕」の拙稿が掲載されている。

私の執筆の原点となった『ルーツ』の一部を、臆面もなく収録させていただくと、次のような書き出しではじまっている。

どんなアメリカ黒人の祖先も、たどれば一枚の売札にいきつき、それ以上はさかのぼれない。多くの場合、それさえ不可能である。

一冊の本が、世界を席捲している——。

奴隷の末裔が、祖先を七代、二百年前にさかのぼり、そのルーツを発見するまでの感動的な物語だ。

人には皆、血統があり、祖先があり、家族があるわけだが、この祖先さがしの物語は、地球上すべての人々の琴線にふれ、またたく間に二十数カ国語に翻訳されて、世界に、祖先の探索ブームを呼び起こしている。

話題の著者は『ルーツ』。日本ではほとんど無名にちかい黒人作家アレックス・ヘイリーが、九年間におよぶ地を這うような地味な調査と、三年間にわたる執筆によって世に問うたアメリカ黒人の象徴的な大河小説《サガ》である。

日本における出版元は社会思想社。同社は五十二年の九月に上巻を、一ヵ月後の十月末下巻を発行し、テレビ史上空前の八日間、十二時間の放映と、数々の話題に支えられ、四月上旬の調査では、上巻三七万部、下巻二五万部。あらたに三月に発行された文庫版では、上巻八万部、中巻一三万部、下巻一〇万部という大型ベストセラーの動きを見せている。

出版界が、ワイルドタッチの劇画本以外、ことごとく逼塞した状態にあるとき、『ルーツ』が読者に深い感動を与えながら、好調な売れ行きを示していることは、同慶の至りである。

私事になるが『ルーツ』の版権争奪戦に参加した出版社のひとりとして、この著者の予想をはるかに越えての反響、大きな感動の渦は、羨望のかぎりである。そして、情報の的確な掴み方と、正鵠を射た内容の評価があったとしたら、あるいはわが手で出版していたやも知れないという心残り……。いや、社会思想社という河合栄治郎の衣鉢を継ぐ良心的な出版社から上梓されて、それはそれでけっこうではないかという想いが交錯して、なんとも複雑な心境である。

優先権はわれにあり

私が三年前まで所属した双葉社で『ルーツ』の版権獲得のために動いたのは、出版部員の高畑勇がもたらした情報からだった。

昭和四十九年の夏であった。高畑は『リーダーズ・ダイジェスト』の七〜八月号に要約された『ROOTS――われらが根』を添えて企画書を提出してきた。

双葉社は、戦後間もなく岐阜で創刊され、主として大衆娯楽雑誌を主流に発展してきた出版社だった。昭和三十三年、第一期の週刊誌ブームに先駆けての週刊誌創刊、ついで劇画誌ブームに先鞭をつけたコミック週刊誌の創刊と、矢澤領一社長の〝動物的カン〟ともいうべき不思議な先見性で、戦後出発した出版社としては――出版の質的内容はとにかく――順調な発展を遂げてきた。

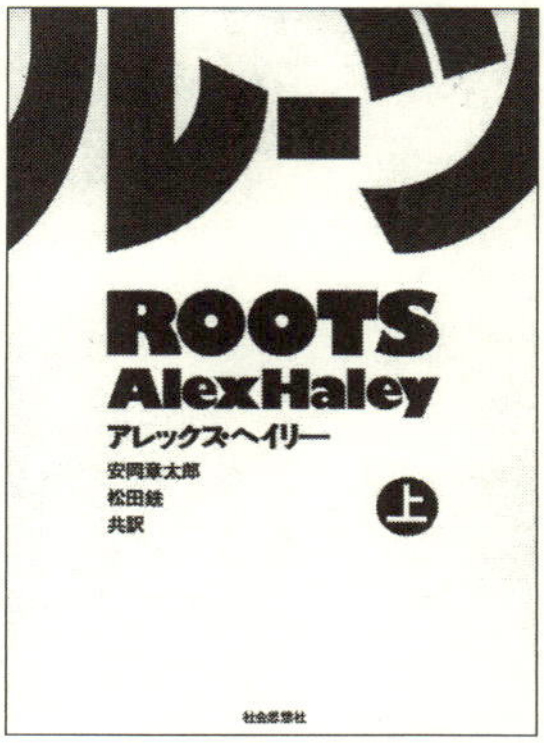

「ルーツ」。

しかし、出版社が出版物を通じて、新しい価値を創出していく一面を持つ以上、量より質が尊重されることは当然で、心ある読書人の評価は、量産、量販のみで優位を誇る社には低い。当の社員自身の心裡にも、量産出版社員の隠蔽な自嘲がなしとはしない。

十数年の在社歴で、週刊誌の編集長を経て活字部門を総括する立場になった私は、積年の鬱憤を晴らすべきチャンス到来とばかり、出版物に翻訳物の一路線として、ヒューマン・ドキュメント路線を敷いたのだった。

手はじめに、アンデスの山中に墜落した旅客機の中で、犠牲者の人肉を食べて生き残った凄惨なカニバリズムの記録『彼らは人肉で生き残った』を上梓。つづいて自閉症の子を甦らせた母親の手記『ノアと呼ばれた子』、アメリカの読書界で、『かもめのジョナサン』と共に、長い間ベストセラーの上位にランクされていた『ＴＨＥ　ＪＯＹ　ＯＦ　ＳＥＸ』などを出し継いでいった。

翻訳部門の担当は、入社歴十年余の高畑君を任じた。ねばり強い男で、器用さはないが原則を曲げない勁さをもった中堅編集者だった。

彼はタトル商会、ユニ・エイジェンシー、海外評論、オリエントなど、海外出版物の翻訳権をもったエイジェントへ日参する一方、海外の新聞雑誌、巻正平氏をはじめ語学に堪能な識者・友人関係から、目ぼしい出版物の情報を集めていた。

さて、高畑君から提出された、四十九年夏頃の企画書には、

「ヒューマン・ドキュメントの超大作として『ＲＯＯＴＳ――われらが根』を刊行したい」

と記されていた。

「原著は現在執筆中であり、一部がリーダイ（別稿）に要約されているが、全体の分量は現在問い合わせ中である。邦訳で二冊になることは間違いないと思われる」

と冒頭に述べ、作者の横顔、大雑把な梗概につづいて、参考意見が添付されていた。

それによると、大阪創元社が二十周年記念事業として取り上げるべく、黒人文学研究会の古川会長を訳者に立てて、意欲を示している。条件は五千ドルに近い額であるらしいということ。さらに、

「大阪創元社の『ルーツ』についての知識はわれわれと同程度である（リーダイにも電話を入れている）。にもかかわらず、オファーしはじめたのは、この著書が、黒人のものとして決定版になろうという判断からであろう。

上・下二冊ワンセットにして、千八百円で売ると、五千ドルのアドバンスは、著作権、翻訳権をそれぞれ六％として、八〇〇〇部、千二百円で売ると一万二〇〇〇部分に当たる」

と書かれていた。

タトル商会を通じてのオファーは、大阪創元社と双葉社の二社だった。オプション（優先権）はタッチの差で双葉社にあった。

私は高畑君の企画書を読んで、なんとしても版権獲得したいものと考えた。条件は五千ドル内外におさめたい腹づもりだった。

木島始氏の卓見

出版界のジンクスとして、黒人文学は売れないという。いや、黒人といわず後進国や、いわれない人種差別から、後進とみられる民族の著書は、おおむね受け入れ難いといわ

れている。

根拠のない偏見からだ。日本を例にとれば朝鮮人作家の作品などだが、私は逆に朝鮮民族のすぐれた詩や、金九の『白凡逸志』、ニム・ウェイルズがヴィヴィッドに描いた一朝鮮人革命家の伝記『アリランの歌』、金史良の一連の作品などを愛読していた。

また、抗議文学の巨擘《きょはく》リチャード・ライトや、ボールドウィンの諸作品にも親しみ、ジュリアス・レスターの『奴隷とは』には、圧倒的な深い感銘を受けていた。

昭和四十五年に、岩波新書の一冊として上梓された『奴隷とは』には、共訳者木島始のあとがきの中に、すでに『ルーツ』の出現を待望する言葉が述べられていた。

「帝政ロシア末期に、虐殺をもくろむ組織的襲撃《ボグロム》を逃れて、亡命の旅に出るユダヤ人たちがいました。そのなかに、私が好きで訳出したこともある作家のシャロム・アレイヘムがいました。辿りついた先はニューヨークで、そこには既にアフリカから連行された奴隷の子孫たちがいました。(中略)

現在のアメリカには、ユダヤ系の作家たちが数多く活躍していますが、そのなかのひとりバーナード・マラムードが発表した『修理屋』(橋本福夫訳・新潮社)は、アメリカ渡米前にじぶんたちの先祖が受けた迫害をまともに見すえて、ユダヤ人の根源を明らかにしようとした力作です。」

木島氏は、ユダヤ人がその作品『修理屋』によって、ルーツを探索し、みずからのアイデンティティを明らかにしたのを賞賛したのち、「同じような作業としてアメリカの黒人作家が、自己の根源をつきとめようとするとき、過去にさかのぼっていけば必ず『一枚の売札』にいきつくということは、数多い人種の中でまったく他に例のないことではないでしょうか。わたしは、アフリカ大陸にさかのぼっての作家の筆を期待していたこともあるのですが、ひるがえって考えれば、何も小説を生み出さなくてもよかったのでした。」

と述べて、その理由として、生半可な歴史小説などよりも、記録と証言をつみかさね、それにきびきびとしたコメントを付していくジュリアス・レスターの『奴隷とは』のような信頼のおける書物があれば、アメリカ黒人に関する、すぐれた基本的文献になるのだというのである。

木島始氏のこの言葉は、今にして考えれば、きわめて示唆に富んだ卓見であった。そして木島が一度は期待したアメリカの黒人作家によって、「一枚の売札」にまでいきつき、さらにアフリカ大陸にまでさかのぼった大作が、いま誕生しようとしていた……。私の心は、ジャズのシンコペーションよろしく揺れ動いた……と書くと自讃に過ぎる。もっと俗っぽい一発屋的狙いがなしとは言わない。

後日明らかになるところだが、社会思想社は、大衆雑誌のヤツガレの思惑をよそに、はるかに確度の高い、迅速な情報と正道をゆく出版姿勢で、版権譲渡作戦を展開していたのである。

でっかい魚の影

日の目は見なかったが、私は双葉社退社後、出版企画をめぐって、社会思想社の河村忠雄前編集部長と昵懇の間柄になった。大変な勉強ぶりと誠実な人柄は、河合栄治郎の衣鉢を継ぐ社の長は、さこそと想わせるsmell（匂ひ）を持っていた。

社長の小森田一記氏も、見事な識見の持ち主と推察した。小森田氏は、太平洋戦争末期横浜事件に連座して、苛い言論の拷問を受けた人で、過去の受難が示すように、確固とした出版の理念と良心に基づく出版活動をつづけ、その姿勢を保持した人であった。

小森田氏は、敗戦直後の昭和二十一年は、世界評論社にあって、尾崎秀実の『愛情はふる星のごとく』と、恩師河上肇の『自叙伝』を上梓し、破天荒なベストセラーを打ち出してもいた。

後年、小森田氏は、その当時を回想して、

「ベストセラーなど考えてもみなかった。河上肇氏の『自叙伝』にせよ、内容が立派だったから出したまでで、せいぜい一万も出ればいいと思っていた。それがあまりに売れすぎて、紙が足りないで困ってしまった」

と、語っている。この出版人の良心に忠実な無欲恬淡さが、超ベストセラーを生んだわけで、社会思想社へ移っても、その姿勢は貫かれていたと考えられた。

ところで、社会思想社が『ルーツ』の情報をつかんだのは、双葉社に先行すること六ヵ月前であった、と河村氏は言う。

「私自身は､前年に『サンデー毎日』のたしか徳岡孝夫氏の紹介記事で知っていました。『ルーツ』の出版企画書が提出されたのは、四十九年の三月十一日。編集担当役員の情報にもとづきます。翻訳者は松田銑氏でした」

大阪創元社や双葉社が動き始める半年前に、社会思想社は情報をキャッチし、準備に入っていたというわけである。

この話は、私にとって初耳だった。高畑君も私も、また窓口になっていたタトル商会も、双葉社と大阪創元社のみが、交渉に入っていると当時は信じていたのである。

河村氏の話が事実だと、版権争奪戦は緒戦で勝負が決定していたことになる。なんたる迂闊さ！　旧海軍のミッドウェー海戦よろしく、〝情報聾〟のままに遊弋《ゆうよく》していたわけである。

これには理由あった。社会思想社の編集担当役員とリーダイの松田編集長とが、たまたま釣り友達だったことから、早い機会に情報をキャッチしていたらしいのだ。

松田氏は、数年前にアレックス・ヘイリーに会って『ルーツ』の荒筋を彼の口から聞かされていたという。そしてこの物語がリーダイのアメリカ版の雑誌に載ったら、必ず日本語版に載せようと決心していたとも言う。

社会思想社で企画に上がった段階では、まだリーダイに掲載される前であり、情報も薄いものだった。

『ルーツ』を『ルート』と企画書に書いてあることでも、それは知れるところだ。

黒人文学は売れない

社会思想社の先見性は、この後に展開された版権獲得の行動力に、いかんなく発揮されている。

企画提出の翌日には出版を決定し、長期の売上目標を五万部と想定し、計画を練り始めた。本来なら、「黒人ものは売れない」という意見が主流を占めていた。

出版は水ものといわれ、一兆円以上の売り上げをもつ今日に至っても、シビアな数値の計量と分析の立て難い業界である。大きな不確定要素の中での競争を繰り返しているから、経験からくる情報判断が、時にはプラスの動きをせず裏目に出ることもある。

リーダイの下した判断は、まさにそれだった。同社は過去に『かもめのジョナサン』を子供ものは当たらないと、優先権を放棄したこともあると噂される。『かもめ……』が新潮社から、人気作家五木寛之の超訳で出版されて、大ベストセラーになったことは、記憶にあたらしい。

歴史に〝もしも〟という言葉は許されない。結果からの感想は慎まねばならないが、水ものといわれる出版界で、世間をおどろかすような大当たりは、何気ないアクションの中から導き出されてくるようだ。

さて、社会思想社がユニを通じてオファーしたのは、四十九年七月三十日で、リーダイの七月号に掲載された「ROOTS——われらが根」を呼んだ直後であった。アドバンスは一万ドル程度。ロイヤリティーは、二万部まで六%、三万五千部までは七%、それ以上八%の腹づもりだった。後日、同社の柱である「教養文庫」に組み入れる予定だったから、その分のロイヤリティーは五%で交渉することにした。

この時点で、双葉社がタトル商会を通じて申し出ていた条件とは、アドバンスがすでに倍の開きが出た。

しかも、窓口のタトル商会は、『ルーツ』の版権を持つダブルデイ社と契約関係にないことがわかり、途中でユニに変わらざるを得ない破目になった。この期に、エイジェントを変えることは決定的なハンデとなる。加えて、上・下巻二冊に分け、千数百円の定価をつけた場合、一万五千部売る目算が双葉社では立たず、五千ドル以上のアドバンスは考えられなかったのだ。

ところが、社会思想社は過去にR・ベネディクトの『菊と刀』、A・トインビーの『歴史の研究』など、将来古典となるであろう良書を出版していて、その成功経験から長期で五万部程度は消化できると踏んでいたから、先方の条件に歩み寄る姿勢を小刻みに示した。

先方は、最初三万ドルを要求し、最終的には二万ドルの条件をつきつけてきた。社会思想社はこの時点で『ルーツ』のテレビ化の情報、数々の話題を分析し、短期に五万部、長期にわたっては一〇万部は売れると、売上計画を修正して、一万五千ドルまでは採算が合うと考えたらしい。

先行する話題

社会思想社が、ユニを通じて話を詰めながら、もっとも怖れたことは、新潮社をはじめ角川書店、平凡社、早川書房など、過去に実績を持つ大手が、ダブルデイ社に高価な版権契約を行うなど、直接取引に出ることだった。

ユニ・エイジェンシーの青木日出夫氏は、エイジェントが、版権を譲渡する条件として、①アドバンスの額、②出版社の業績と格、③同じ著者の作品を以前に出しているかどうか……等を判定基準にするという。

となると、この期に二万ドルも三万ドルもアドバンスを出す大手出版社は、社会思想社にとって最大の敵となる。また、同じ条件を出されても、大手が乗り出してくると不利は避けられない。同じ著者の作品となると、河出書房がヘイリーの『マルコムX自伝』をだしていて、鼻先だけリードしているわけである。

双葉社も大阪創元社も、ホームストレッチに入って、一周の差をつけられた形となった。私はその頃、双葉社を退社していた。高畑君はご苦労にも、後任者にあらためてレクチャーしなければならぬ立場にあった。先行馬が直線コースに入って、猛烈ダッシュをかけているとき、騎手にかわられた馬が、ゲート付近でウロチョロしている図だ。

勝負はついた。社会思想社はこの時点で、エイジェントをアメリカに飛ばし、国際電話、電報のやりとりで、条件を詰めにかかった。

先方の二万ドルと、社会思想社の一万五千ドルという最終案は、容易に折り合いがつかなかった由。結局両社の中間、一万七千五百ドルで妥協にこぎつける。しかし、ロイヤリティーをあげられて、苦い水を飲まされることになった。一説には、二万部まで七％、それ以上三万部まで八％、その上は九％と、きわめて厳しいものだったと噂されている。

一万七千五百ドルのアドバンスと、高いロイヤリティー。翻訳者安岡章太郎、松田銑両者への印税などを加えると、『ルーツ』の直接原価はかなり高いものとなり、二万や三万部の初版では大幅な赤字を覚悟しなければならなくなったわけである。

河村氏は、当時を回想して言う。

「契約が大詰めに来た頃には、『ルーツ』という言葉が先行し、いい意味でどんどん使われていました。えてして前評判が良かったり、話題が先行した本は、実際に発刊されたとき売れないことが少なくありません。それがとても心配でした……」

河村が心配するように、『ルーツ』という言葉は、日本でも先祖をたどり、自己のアイデンティティをたしかめるその探索の意味に用いられたりして、一大流行語に発展してしまったのである。

タイミングがきわめて重大な要素となる出版物にとって、時流に遅れることはときには惨敗を強いられる。大手の出版社は、こうした状態の時、拙速主義で対応し、二、三カ月の短期間で発売にこぎつけることも敢えて辞さない。社会思想社の取った方針は、すぐれた訳者を選び、息の長い出版物として世評に耐える本づくりを目ざして、許されるギリギリの時間をかけることだった。

紆余曲折はあったが、松田銑と『アメリカ感情旅行』など、留学体験から書かれた優れたエッセイをもつ作家安岡章太郎の共訳とした。翻訳のすすめ方は、訳の調子——黒人の言葉、なまりをどうするか、特有の言葉づかいを如何ような日本語にするか等、細目にわたって話し合った後、松田がまず訳し、安岡が手を加えてゆく方法をとった。

五十一年十二月に翻訳に入り、翌年七月に松田が訳了。ついで二ヵ月かけて安岡が筆をすすめていった。脱稿したのは九月十日だった。

ジンクスは破られた

上巻発売とほとんど同時に、八日間十二時間という超大作ドラマが、テレビで放映された。視聴率、実に二〇数%から、三〇%という驚異的な記録だった。

アメリカでは、日本の一年前にあたる一九七六年九月十七日に発行され、テレビは四ヵ月後の一九七七年一月二十三日から八日間放映されて、空前の視聴率を記録していた。一説に推定延べ五億人のアメリカ人が『ルーツ』の一部は見たと言い、初日に至っては、二八八四万世帯のアメリカ人が、このドラマに釘づけになったと伝えられている。

アメリカにおけるこの異常とも思える『ルーツ』の衝撃は、出版の六ヵ月前、日本へ上陸して充分に話題を独占。流行語となって飛び交っていたのである。この上ずった現象への、社会思想社の心配りは杞憂に終わった。『ルーツ』は発刊されるや、五千万円の宣伝と、それをはるかに上回る話題とが相乗作用をして、めざましい売れ行きを示す。数ヵ月にして、世界でもっとも有名になったアレックス・ヘイリーが、超多忙のスケジュールをやりくりして日本を訪れたのは、五十二年十二月六日だった。

四日間の滞在で九日の夜には離日するという、過密で殺人的スケジュールだったが、彼は二回の講演、五回の対談、数々のインタビューを誠実につとめ、深い感動を残して疾風のように去った。

『ルーツ』が、洛陽の紙価を高めるに至ったその内容についての分析は、識者にまかせよう。著者自身の講演「『ルーツ』と私」でも怜悧な、自著分析を加えている。

出版界にとって『ルーツ』が果たした役割は、黒人文学が初めて大衆性を持ったことであり、黒人の作品も大収益を上げられることを教えた点である。頑迷なジンクスを破って……。

そして、著者にとっては、奴隷解放の物語を書き、世界で三〇〇万部も売れたため、生活のすべてが予定表にはまり、行動のすべてが他人によって決定され、自分が自由に使える時間は一日もない〝奴隷的境遇〟に陥ったという皮肉であった。

以上、長々と転載したが、冒頭にお断りしたように、私の「初陣」の文章だけにお許しをいただきたい。

双葉社時代の思い出の人々

作曲家・遠藤実（右）と。

作家・梶山季之（右）と。

パーティに出席の作家・川上宗薫（左）と。

作家・山田風太郎（右）と。

評論家・大宅壮一（右）と。

空手の大山倍達（右）と。

作家・野坂昭如（右）と。

作家・井上靖（右）と。

歌手・橋幸夫（右）と。

総理大臣当時の田中角栄（右）と。

「総長への道」撮影時の高倉健（右）と。

江利チエミ、ルイ・アームストロング（左下）と。

高峰秀子、三木首相（当時）と。

出版ジャーナリストとして

出版三部作

いま、あらためて前章の『ルーツ』版権の顛末記を読み返してみて、生硬なタッチに顔が赤らむ思いだが、拙稿には『流動』に掲載後、小山社長と新宿の沖縄料理店へ打ち上げ会に向かうタクシーの中で、次のような打ち明け話があった。

それは、週刊誌の編集生活が長いとはいえ、一介の編集者上りの書いた原稿がそのまま掲載できるかを懸念して、リライターをひそかに待機させていたのだという。ところが、締切日よりも早く書き上げた拙稿を読んだ小山社長は、辞めた社の社長を批判した二、三行をカットすれば、リライターの介在不要と、そのまま使用したのだと。

「気を悪くしないで聞いてください」

と、断った上での打ち明けられた話とは、このようなものだった。

小山社長は、この一件で私を高く買ってくれ、『流動』に出版社がテーマの連載となった。それは、私のそれからの運命を決定付けた（?）『出版社の運命を決めた一冊の本』の掲載だった。

一冊の本に仮託して出版社の成り立ち、興亡の転機を語る企てとなれば、問題の一冊を選ぶのが、このシリーズのなりゆきを決めるとあって、慎重なリサーチからスタートした。

トップの章には、良心的出版姿勢の岩波書店を選び、同社の処女出版とされる文豪・夏目漱石の『こころ』の刊行の経緯から入っていった。

岩波書店・夏目漱石・『こころ』の三点をセットすると、自ら厳粛な気持ちにならざるを得ない。私は親しい友人となっていた文豪の内孫・夏目房之介の手引きで、漱石の生前を知る最後の人、長男・純一に会って、直接耳にした衝撃的なエピソードから書きはじめることにした。

その件とは、次の通りだった。


夏目漱石の臨終の夜に起こった岩波茂雄のアクシデントは、一代の文豪の厳粛な臨終の場になじまない挿話として、また、岩波の名誉のためもあって、しばらくの間はタブーとなっていた。後日、漱石の命日にちなんだ「九日会」の席で、門下生の野上豊一郎によって暴露されるに至ったが、話が話であったので、内々の笑話として語られていた。

岩波茂雄は、漱石の知遇を得ることによって、岩波書店発展の礎を築いた。それは動かし難い事実であった。だが、知られざるところで〝運〟を拾っていたのである。漱石臨終の夜、〝ウン〟をつけたのは、岩波の生涯を通じての目的に向かっては猛進するせっかちの性情にあった。

それは大正五年十二月九日の夕刻のことである——。

当夜、夏目家の離れの一室には文豪の近親、友人、知己、門下生など三十余名が、最期の別れに待機していた。

離れにいた長男の純一を、女中が呼びに来たのは、午後六時半過ぎだった。短い冬の日は暮れて、外は深い闇となっていた。門下生たち、久米正雄、芥川龍之介、狩野亨吉、森田草平、小宮豊隆、野上豊一郎、松岡譲らも、師の臨終と知って、近親者たちにつづき、文豪の病室へ別れに立った。

夏目漱石の長男、夏目純一（左）と。

岩波茂雄は、この時、病室へ行く前に離れの便所へ駆け込んだ。夏目家の離れの便所は、手前が「大」で奥が「小」の用足しをするという普通の家と逆になっていた（純一談）。しかし、用を足す前に電灯をつければ、容易にその仕組みは分かるはずであった。目的に向かっては猪突猛進をする岩波は、重大な事態に一刻も早く臨終の場へ駆けつけようと思う一心で、灯りもつけずに手前の「大」の方へ飛び込んだのだった。

――彼の片足は、その一瞬宙を踏んでモロに便器の中へ墜ちていた。

緊張すべき第一回「岩波書店と漱石の『こころ』」を、いきなり下世話な臭いエピソードからはじめた連載は、想像外の好評をいただき、駆け出しへの追い風になったのは事実だった。

連載は、以降「講談社と『群像』の創刊」、「文藝春秋と『文藝春秋』昭和24年6月号」、「早川書房とアガサ・クリスティの『そして誰もいなくなった』」、「新潮社と『週刊新潮』の創刊」、「三一書房と五味川純平の『人間の條件』」、「光文社と松本清張の『点と線』」、「角川書店と横溝正史の『八つ墓村』」、「筑摩書房と『世界の文学　エテルナ38』」、「秋田書店と水島新司の『ドカベン』」、「ロマンス社と『ロマンス』」の十一篇にわたった。

連載中に反響は伝わってきて、終了後単行本化することになり、担当者に中野立子が決まった。彼女は、まず装丁者選びから『出版社の運命を決めた一冊の本』にとりかかり、朝日新聞出版局から刊行された本の斬新なデザイナー・熊谷博人を第一候補にあげてきた。小山社長を交えて検討した結果、スムーズに決まり、デザイナーに会うことになった。

会ってみると、同郷出身のカメラマンで童画家・熊谷元一の長男であった。元一画伯とは後に、郷土出版社刊行の毎日出版文化賞を受賞する『熊谷元一写真集』全四巻に、東大名誉教授古畑敏雄、作家井出孫六と共に、推薦、解説人に推される巡り合わせになる。そして、解説した拙文に対し、当人からの身にあまる礼状をいただくことになる。

処女出版の『出版社の運命を決めた一冊の本』は、刊行されるや朝日新聞書評欄の「著者と一時間」に取り上げられ、話題を呼んでたちまち重版となった。『流動』は、続編として「創刊号に賭けた十人の編集者」の企画を立て、書きつづけることになるが、その章立ては、「平凡出版と『平凡』」、「暮しの手帖社と『暮しの手帖』」、「主婦と生活社と『angle』」、「朝日新聞社と『朝日ジャーナル』」、「集英社と『日本版PLAY BOY』」と六回の連載が終った所で、書き下ろしの「平凡社と『太陽』」、「中央公論社と『海』」、「小学館と『GORO』」、「青春出版社と『BIG tomorrow』」を加え、さらに社が消滅していたため、処女出版に収録を見合わせていた出版界への原点となる、「ロマンス社と『ロマンス』」も

朝日新聞 朝刊

著者と一時間

'80.7.7.(月)

コンピューターでも予測できないのが出版の当たりはずれ。不確実性の時代に新製品を売り出すのは一種のかけかもしれない。

「ところが出版社にとっては年間を通して売り出す一点一点の本が新製品でしょ。それだけリスクも大きくなる」

全国三千七百余の出版社から十社を選び『出版社の運命を決めた一冊の本』を書いた動機は、「編集者への応援歌のつもり。戦後生まれが五〇%を超えた。活字ばなれどころか、マンガも読まず、テレビのアニメーションだけみている子が出て来ている。一方的に流れてくるものをボケッと見ているだけじゃ考える働きがなくなるんじゃないか。活字で育った人間には、恋をしたり、挫折を味わっても障害を越えてゆこうと考える力があると紀田順一郎氏もいっています」

『出版社の運命を決めた一冊の本』 塩沢 実信氏

本と人間のドラマ

10社の決定的瞬間再現

この本は出版界を扱っているが、本作りをめぐる人間くさいドラマでもある。作家はもちろん、ふだんは舞台の裏方に徹している名編集長や経営者たち百人あまりが実名で登場。運命の一冊に仮託して、現代出版史の決定的瞬間を再現してみせる。

戦前の岩波書店と夏目漱石の『こころ』から、戦後誕生した講談社、文芸春秋、さらに早川書房、新潮社、三一書房、光文社、角川書店、[illegible]書房、そして秋田書店と水島新司の『ドカベン』まで全十章。サクセス・ストーリーが続くなかで、筑摩の『エテルナ38』だけが違う。存亡の危機にリリーフに立てた企画だが返品七割。[illegible]の秋田書店と五十三年出版界の明暗を分けた。この年の秋田の申告所得は四十億円。売り上げは二百数十億。「コミック本を出さない出版社はあぶない」とうわさがとんだものだ。

「単行本とコミック本の初版部数は四、五千部対五、六十万部でしょう。初めから〈ナイアガラ的落差〉があるんですよ」

二十五年の現役時代をふり返って「一冊功成って万骨枯る。見渡せば死屍（し）るいるい」。それでもハイエナのように活字の周辺から離れられない。「出版の魅力の第一はクリエイト（創造）できるから。書き手を発見し未知の読者とドッキングさせる。機械化が進んでも人間がかかわらなければ出来ない仕事です。そこがいい」

双葉社取締役・編集局長をへて現在フリーの出版ジャーナリスト。五十歳。

（流動出版・一、四〇〇円）

「この本は編集者への応援歌です」＝東京・新宿で

「著者と一時間」
（朝日新聞 1980 年 7 月 7 日）

入れて十篇とし、『創刊号に賭けた十人の編集者』のタイトルで刊行する運びになった。

刊行するや動きがいいことから、流動出版社はさらに一冊の書き下ろしを加え、出版三部作の〝三矢作戦〟を提案された。四十代半ばで路頭に迷い出た私に、異論があるはずはなかった。

ただし、大衆娯楽の分野一筋に過ごしてきた出版では偏頗者《へんぱもの》の立場を考え、二十年余の編集者時代にかかわりを持った作家、あるいは交流のあった人気作家の運命を変えた一冊の本に的をしぼることにした。その結果、次のような作家と作品になった。

阿佐田哲也と『麻雀放浪記』、川上宗薫と『流行作家』、梶山季之と『黒の試走車』、山田風太郎と『くの一忍法帖』、宇能鴻一郎と『遊びざかり』、大藪春彦と『野獣死すべし』、森村誠一と『人間の証明』、笹沢左保と『木枯らし紋次郎』、松本清張と『昭和史発掘』、梶原一騎と『巨人の星』。

この顔ぶれの代表作なぬ話題作の生成のドラマを描くに当たって、私は作家論、作品論としてではなく、これらの本が生み出されるまでの作家と編集者の協力と献身、波瀾に富んだ日々を読物としてまとめるように心がけた。

一例をあげれば、純文学志向の色川武大が私の担当した週刊誌をカタパルトに、阿佐田哲也——麻雀をすると徹夜になるから〝朝ダ徹夜〟のふざけたペンネームでデビューした「阿佐田哲也と『麻雀放浪記』」では、次のようなリーダビリティさを試みてみた。

眼と鼻と口以外を覆面で覆ったプロレスラーの登場は、アルファ人間を解き明かそうという気持を観客に抱かせる。そのミステリアスな雰囲気は、見る者の好奇心を増幅させて、勝負をさらに面白いものにするだろう。

小説にしても同じことだ。作者が覆面作家の正体不明者であり、作品が実在作家の片鱗も示さぬ内容と筆致であった場合、読む者の興味をいやが上にも掻き立てるだろう。

阿佐田哲也が、無類の面白さにみちた麻雀小説をテーマに、忽然とデビューした時の雰囲気は、〝覆面作家〟にまことにぴったりとした登場ぶりだった。

出版三部作は、昭和五十六年（一九八一）十一月に揃うが、非才のこの執筆活動を愛《め》でて、流動出版社長小山敦彦、読書人副編集長植田康夫を世話人に、作家色川武大、早川書房社長早川清ら十人を発起人に、十一月三十日、日比谷・松本楼で、三百数十人の参加をいただき「塩澤実信君の出版三部作完成記念会」が開催された。

発起人の顔ぶれに加え、挨拶を引き受けてくれたのが作家藤原審爾、作曲家吉田正、遠藤実など多彩だった。

その中のひとり、マガジンハウスの岩堀喜之助会長のスピーチが特に印象に残っている。まず私の家内のことを「お嬢さんですか」とユーモアたっぷりに話しかけ、私たち二人を壇上に誘い、「塩澤さんの今日があるのは奥様のおかげです」と紹介、その語りっぷりは見事だった。後日談になるが、この岩堀会長の長女・新井恵美子とはその後、昵懇の間柄

「出版三部作完成記念会」の案内状。

謹啓

晩秋の候　ますますご清栄のこととお慶び申し上げます。
さて、私たちの友人であります塩澤実信君が、出版社と編集者と作家の関わりを読物風に描いた〝出版三部作〟『出版社の運命を決めた一冊の本』『創刊号に賭けた十人の編集者』『作家の運命を変えた一冊の本』を、年頭の約束通りこのほど上梓されました。双葉社を去って五年、ようやく物書きとしての基盤を築きはじめたというべきでしょうか。この完成を記念し、ささやかながら塩澤君のこれからの活躍を期待する会を催したいと存じます。
ご多忙中誠に恐縮に存じますが、是非ご臨席賜りますようご案内申し上げます。

敬具

昭和五十六年十一月吉日

「塩澤実信君の出版三部作完成記念会」

発起人一同

発起人（五十音順）

色川武大（作家）
大坪昌夫（光文社常務取締役）
川鍋孝文（日刊現代社長）
紀田順一郎（評論家）
小坂徳三郎（衆議院議員）
桜井秀勲（祥伝社取締役編集部長）
清水文人（双葉社社長）

世話人　田川博一（文藝春秋常務取締役）
田島幸夫（八重洲ブックセンター常務取締役）
土井定包（大和證券社長）
戸川猪佐武（評論家）
早川　清（早川書房社長）
植田康夫（読書人副編集長）
小山敦彦（流動出版社長）

日　時　昭和五十六年十一月三十日（月曜日）
午後六時より八時まで

場　所　日比谷・松本楼

会　費　七千円（記念品代を含む）
当日会場で受付けております。

連絡場所　東京都港区愛宕一—二—二（第九森ビル）
流動出版内
出版三部作完成記念会事務局
電話（四三三）七四六一

○お手数ながら同封のはがきにて出欠のご都合を十一月十五日までにお知らせ下さるようお願い申し上げます。

「出版三部作完成記念会」での著者と妻。

となり彼女は「父はいつも自分のことが書いてある塩澤先生の本を下駄箱の上に飾っておきました」とうれしいエピソードも語ってくれた。

また、該博な出版関係の著作で知られた評論家紀田順一郎は、「出版三部作完成出版記念会は、私が知る限り前例がありません」と、語ってくれたことも、いまも記憶の片隅に残っている。

一般企業に較べたら業績の低い出版界の内情を、出版社・雑誌・作家の三部立てにしたという、もの珍しさもあって、大手取次の定期刊行物や新刊紹介誌の「日販通信」「新刊展望」「ＲａｃｋＡＣＥ」「新刊ニュース」「週刊読書人」などから、連載の依頼が次々に起こってきたのはそれからだった。

意中の一冊

思いもかけない幸運の波に乗せられて、私が次に考えたのは、出版史に語り継がれている名編集者に、いまも第一線で活躍しているベテラン現役を加えて、雑誌編集を志す人々の実践的教科書になる手の本をまとめてみることだった。

早速、この企画を業界紙のコラムに漏らしたところ、このつぶやきにいち早く反応してくれたのが、フリー編集者の斎藤弘子で、彼女は新興出版社・廣松書店の井倉大雄社長に話しを持ちかけてくれた。廣松書店は、昭和二十四年八月十七日の明け方、東北本線松川―金谷川駅間で起こった列車転覆事件の裁判にちなんで、スタートした出版社だった。松川事件と呼ばれた犯行で、機関士ら三名が死亡したことから、捜査当局は当時人員整理反対闘争を行っていた国鉄、および東芝松川工場の組合員の共同謀議によるものと断定。バックに思想的底流の匂いを感じ、国鉄側九名、東芝側十一名の計二十名を起訴し、全員に有罪（うち死刑五名）の判決を下したのだった。

第二審の仙台高裁では十七名有罪。うち死刑は四名という判決となったが、この苛酷な刑罰への疑問は高まり、作家の廣津和郎は『中央公論』へ五年にわたる緻密な裁判批判を展開した。廣津批判を契機に、公判決要求運動が澎湃《ほうはい》として起こり、裁判は差し戻されて最高裁は検察側の上告を棄却。一転、全員無罪とする判決を下したのである。

日本裁判史上空前の判決だった。

熱血漢の井倉社長は、これまでの歴史に例をみない謀略裁判の判決を一介の老作家が覆した活動に感動。廣津の姓の「廣」と、松川事件の「松」の一文字を結びつけ「廣松書店」の創業を思い立ったのだ。そして、処女出版に廣津和郎の『裁判と国民』（上・下）を上梓。第二弾に『中央公論』の当時の編集長笹原金次郎を顕彰すべき本の出版を企てた。

この時、私のコラムのつぶやきが偶然、タイミングが合ったことから、執筆の依頼があり、二つ返事で引き受ける次第となったのである。

早速、書き下ろしに取り組むことにしたが、明治・大正・昭和の名編集者として、まず瀧田樗陰、菊池寛、池島信平、花森安治、扇谷正造の五人を選び、現代の編集者に次の十六人を立てることにした。

『展望』のペンの二刀流・臼井吉見から、『ミセス』の今井田勲、『群像』の大久保房男、『婦人公論』三枝佐枝子、『中央公論』笹原金次郎、『文藝』坂本一亀、『週刊新潮』野平健一、『女性自身』黒崎勇、『主婦と生活』清原美彌子、『壮快』牧野武朗、『ｎｏｎ・ｎｏ』若菜正、『週刊ポスト』荒木博、『少年マガジン』内田勝、『ダ・カーポ』甘糟章、『ポパイ』木滑良久、『グラフィック・ナンバー』岡崎満義の顔ぶれであった。

Ａ５判上製本、三百二十頁、付録に「全雑誌『編集長』大俯瞰図」を加えた『雑誌をつくった編集者たち』は、執筆を引き受けてから一年半後の昭和五十七年九月二十一日に刊行となった。

判型がＡ５判上製と、意表を衝いていたこと。付録に『中央公論』『文藝春秋』『主婦の友』『婦人公論』『文藝』『群像』『週刊新潮』『少年マガジン』等二十数誌の歴代編集長を時系列に並べ、さらに、明治元年から昭和五十四年に至る百十一年の「世相・出版界の動き」その間の「主な創刊雑誌」及び、月刊・週刊誌など「主要誌の実売部数」を、縦七十㎝、横八十㎝の一枚に「大俯瞰図」として巻末に貼り込んだことが、人目を惹いたようである。

朝日新聞の「紹介したい内容をもっていると思われるものを掲載する」という趣旨の「新刊抄」（57・12・6付）で、この付録を「貴重な資料」と折紙を付けられたのをはじめに、読売新聞の文化面「フラッシュ」欄に、矢沢高太郎記者が「編集長の重み」のタイトルで書評を書いてくれたほか、各紙・誌に懇切な紹介、評の数々を受けた。

登場願った現役編集長からも、電話、書面で礼状を賜ったが、坂本一亀からは二ヵ所の固有名詞のミスを指摘かたがた、次のような書面をいただいた。

前略　御免下さい。

本日『雑誌をつくった編集者たち』をお贈り頂きまして厚く御礼申し上げます。大変なご労作だと思います。心から敬服する次第です。あとがきのご趣旨、小生も同じ思いで、日頃から考えていることです。（以下略）

文藝誌の鬼編集者として令名を馳せた坂本一亀が、同感の意を寄せてくれた「あとがき」には、私は次のような所感を、虞《おそれ》れもなく書いていた。

戦後、出版界の生き方を象徴する一人の出版人、神吉晴夫は、「ベストセラーと創作出版」と題する講演の中で、編集者に対して次のように語っている。

「……これまでの出版編集者は非常に恵まれない人たちが多くて、新聞記者同様に編集者は神経をすりへらしてアイディアを生み出している。しかも日本の学会その他では、編集者というものは慇懃に取り扱われているように見えても、腹の中では『お前出版屋じゃないか』あるいは『編集者じゃないか』というわけで、軽蔑とまで行かなくとも、あまり高くは買われていない。これがこれまでの状態だったのです。

編集者は何年か雑誌の編集長、あるいは単行本の編集長をやりますと、やはりくたびれる。くたびれると、容赦なくお払い箱と来る。これじゃ、あんまりヒドすぎるのです。やっぱり休息をあたえて、頭脳のレクリューションをするとか、それ相当の待遇をすべきであるというのが私の主張なんです。営業関係は年をふれば顔がきいて来ますが、編集関係は感覚にズレが来たら、それきりでしょう。（中略）（私は）機会あるごとに、『出版企業の中で編集者ほど大変な役割を演じているものはいない』ということを、声を大にして申しております。」（小宮山量平編著『出版企画』）

神吉晴夫の指摘は、残念ながら、現代にも通用する。ひとにぎりの恵まれた編集者の陰に、つわものどもの死屍るいるいという絵図は、いまの出版界に見られるところである。

毎年、多くの若者が出版を志し、編集者にあこがれて、出版社に殺到するが、入社できるものは僅かの人にすぎない。その中から、編集長になって、自らの考える本なり雑誌を出せるのは、ほんの限られた人である。まして、名編集長として、その名を知られるのは、相撲界における横綱程度の数にすぎない。

編集者から直木賞作家となった色川武大は、むかしの編集仲間が訪ねてくると、夫人になにがしかの心付けを用意させるという話がある。

「現役を遠ざかった編集者のほとんどは、生活が楽ではない。僕を訪ねてくるのも、生活の苦衷を訴えたいからだ……」

色川は、有名な遅筆作家である。作品のモチーフが発酵するまでに長い時間がかかり、加えてナルコレプシーという、現実と夢の世界を往来している奇病をもっている。その日々が、つねに、ギリギリの原稿締切り日といえた。

そんな日々の中でも、現役を離れた編集者仲間がくると、失意に沈む彼らの言葉をじっと聞いてやっているとか。作家になる前の彼にも零落の時期があった。自らが「乞食のような放浪生活だった」と言うほどの、すさまじい生活だった。彼の冬の旅の時期の生きざまは、珠玉のような短篇に実っているが、その色川武大を、

「僕よりも先輩がいたんだなあ、とてもあそこまでの生活はできない……」

と驚愕（？）させた編集者がいた。

博文館で編集長として、すぐれた仕事をした真野律太だった。真野は色川が知ったころ、池袋駅の待合室をねぐらのようにして、浮浪者の群れに入っていた。駅から徒歩で行ける距離に音羽の講談社があった。彼は、酒が飲みたくなると講談社を訪ね、昔の編集者仲間にたのみ込んで埋草程度の原稿を書かしてもらい、ひきかえに稿料を受取って、酒代にかえていたという。完全なアル中だった。

——現役時代に、才能を誇りながら、リタイア後の保証がないのが、編集者の大方の運命……。まして、酒や異性問題、賭博、金銭の不始末で現場を追われた人が、いい人

生であるはずはない。最近では、尖鋭化した組合運動に深入りをして、編集の才能をあたらスポイルする例も少なくない。主義主張に殉じた、昂然たる生き方と言えなくもないが、編集を志したものが、その道で生きられないことは、悔いののこる人生ではないのか。

ある中堅出版社に、看板雑誌の明日の編集長を嘱望された男がいた。労使問題が紛叫したとき、推されて組合の委員長となった。彼は先輩編集者や、執筆者の忠言にも耳を貸さず、「こどもが成長した時に、『父は立派だった』といわれる生き方をしたい」と、経営側と熾烈に闘い、そのため社を辞めざるをえなくなった。十年後、その男は、辞めた出版社のしがないフリーライターとして、彼の委員長としての采配で勝ちとった社員の給料の何分の一にも充たない収入で、塗炭の苦しみを味わっていた。世が世ならば、彼は編集長に就任しているはずであった。人を得ない看板雑誌も凋落していた。

現場を失った編集者は、舟を失って陸へ上がった舟乗りにたとえられる。編集者は、才能を誇っていても、力を発揮する雑誌なり、現場がないことには、生きようがない。そして、編集者は編集長となって、一つの雑誌の主宰者となり、その誌面で卓抜した企画を繰りひろげ、すぐれた書き手を発見し、読者にドッキングする。その実績においてのみ、評価を受ける職業といえる。

死ぬまで……とは言わないまでも、長く編集者として活躍できた人物は、恵まれた人生を歩んだと言えるだろう。まして、編集長となり、その時代の実績が高く評価される

――この著書にとりあげた人々は、数少ない雑誌界における成功者である。

時代とともに興亡する雑誌というつわは、新しい時代が来たら、装いをあらたにするか、新しく誕生すべきものである。当然、新しいタイプの編集者も生まれてくるだろう。ここの紹介したすぐれた編集者を凌駕する人々が、輩出することを祈ってやまない。

副読本の光栄

私にとっては意中の一冊となった『雑誌をつくった編集者たち』は、漏れ聞くところによると、二、三の大学文科系の副読本に使われていたとか。

その件を耳に入れてくれた出版界の先達・鈴木均は、「名編集長に学ぶ実践的教科書だよ」と、次のような書評を公明新聞の文化欄に寄稿してくれた。


これは雑誌編集者のためのきわめて豊醇な、実践的教科書である。教科書は役にはたってもとかく退屈で、堅苦しいものだが、この本は、インタレスティングでありかつ、イクサイティングでもある。それは筆者が、企業内編集者をやめても、なおかつ胸中に現役ジャーナリストとしての火を燃やしつづけているからにちがいない。

瀧田樗陰、菊池寛といった戦前の名編集者から、戦後、名をなした池島信平、（中略）一世代下の戦中派世代である（中略）笹原金次郎、坂本一亀、（中略）更に現代も第一線で活躍をつづけるベテラン編集者に至る二十一人の編集者を論じながら、その先輩乃至後輩の名編集者にも触れており、自ら日本雑誌エディター史になっている。そして同時に編集者的思考、雑誌編集術の人間的集成をなしていて〝編集芸談〟の妙に思わず酔わされる。（中略）

通読して、本人自身に取材している編集者の場合は、筆が躍動し、著者の共感がよく伝わってき、読者を熱気の中にまきこむ魅力をもっている。したがって故人を書くより、未だ前戦に踏みとどまっているか、活躍中の編集長を画いた項が面白い。（中略）

音羽一ツ橋の苛烈な闘いが、出版における大衆文化、雑誌文化を創造したのであり、それらの荷い手が、いずれも戦中派或は昭和一桁派であることは驚きである。つまり映像の世代、音楽の世代、感性の世代大衆を握っているのは他ならぬ活字文化の中から生まれた世代であり、先行世代の編集体験を忠実に継承することに成功した人びとであったということは、文化の伝承と継承における人間のビヘビヤーに暗示をあたえてくれる。

片方で『展望』の編集長臼井吉見、『群像』の大久保房男、『文芸』の坂本一亀のような決定的に自己の眼識にこだわって譲らない一義性の強い活字文化の鬼のような個性が、戦後文化の根を固守して譲らなかったからこそ「ダ・カーポ」の甘糟章のような、これからの編集者は「自分の中にある個人的資質を、どうやって客観化、社会化していくかだ」とするようなリベラル社会派が、戦後第三世代として生まれえたのだと思う。おぼつかない足取りで、執筆活動を始めた身に、このような書評がどれだけの励ましになったことか。

それらの書評とともに、終始一貫、非才を支え続けてくれたのが、『週刊読書人』の植田康夫編集長（後に、社長・顧問）だった。

彼は、私の処女出版となった『出版社の運命を決めた一冊の本』の帯に推薦の言葉を寄せてくれたのを最初に、『週刊読書人』の編集企画、戦後のベストセラー史の連載、出版・音楽・ノンフィクション関係の新刊の書評と、間断のない寄稿の場を提供してくれ、さらに実にまめに拙著の紹介・書評記事を各誌に寄せる労を少しも厭わなかった。

その私との交友ぶりを、平成26年4月3日付けの日本経済新聞の話題のコラム「交遊抄」で紹介し、「私の最も古い友のひとりである」と、温かい言葉を寄せてくれた。

「週刊読書人」時代の植田康夫（右）と。

出版に関する拙著は、この後相次いで刊行されてゆくが、主だったものを、時系列に並べてみると、次の通りになる。

昭和五十五年『出版社の運命を決めた一冊の本』
昭和五十六年『創刊号に賭けた十人の編集者』
〃　『作家の運命を変えた一冊の本』
昭和五十七年『雑誌をつくった編集者たち』
昭和五十八年『出版王国の戦士たち』
昭和五十九年『雑誌記者　池島信平』
昭和六十年『売れれば文化は従いてくる』
昭和六十一年『頭脳集団の推進者たち』
昭和六十二年『戦後出版文化史』（上・下）
昭和六十三年『昭和ベストセラー世相史』『比較日本の会社　出版社』（年度版シリーズ）
昭和六十四年『出版界の華麗な一族』
平成二年『出版その世界』『日本的出版界（中国語・翻訳書）』
平成三年『古田晁伝説』
平成五年　文春文庫『雑誌記者　池島信平』
平成六年『名編集長の足跡』『雑誌１００年の歩み』

平成七年　『ベストセラーの光と闇』『日本雑誌百年巡禮（中国語・翻訳書）』
平成十年　『出版社を読む』
平成十三年　『本は死なず』
平成十四年　『ベストセラー昭和史』
平成十五年　『出版社大全』
平成十六年　『活字の奔流』
平成二十一年　『戦後出版史』
平成二十二年　『出版界おもしろ豆事典』
平成二十四年　『新装版・出版三部作』
平成二十六年　『昭和名編集長物語』
平成二十七年　『倶楽部雑誌探究』
平成二十八年　『「暮しの手帖」二人三脚物語』

これら拙著に対し、作家、評論家、学者などから、好意にあふれた書評の数々を寄せていただいていた。

その一冊『名編集者の足跡』に気鋭のノンフィクション作家・立花隆は、週刊文春の「私の読書日記」に、次の通りに寸評されている。

「×月×日」

塩澤実信『名編集者の足跡』(グリーンアロー出版社　二〇〇〇円)を読む。有名編集者五十一人の仕事と人となりを、一人数ページずつ活写していったもの。これを読めば、日本の出版界が、どのような人びとによって形成されているか、その奥行きが見えてくる。『週刊読書人』に連載されていたころから毎号愛読していたが、連載期間は十年に及んだという。そのため登場人物の中には故人になったり、すでに現役を引退しているひともかなりいるが、そういう人の項目が、日本の出版界の風土や編集者気質の移り変わりを示していて、かえって面白い。

出版界に関心を持つ人にぜひ一読をすすめたい。

万巻の書物を読破し、二十万冊の蔵書を誇る〝知の巨人〟に「ぜひ一読」のおすすめは光栄の至りだった。

国民的作家からの手紙

いま一つ、文藝春秋の中興の祖・池島信平の評伝には、刊行元・文藝春秋の心遣いから、昭和の語り部・司馬遼太郎へ「跋《ばつ》」が依頼され、「池島信平さんは、その風貌のように、ゴムマリのように弾んだ心を持っていた」ではじまる、五千字に迫る心温い奥書きをいただいた。

超多忙の作家が、これだけの跋を寄せるだけの人間力が、編集者の池島信平にあったわけで、恐い物知らずに挑んだ非才を、いたく感激させた。

その上に『雑誌記者　池島信平』が刊行されて数日すると、私宅にあてて司馬遼太郎自筆の手紙が届いたのである。

便箋六枚にわたる奔放な筆跡の心のこもった読後感と、自身の知る池島信平像が間違っていなかったことに、ほっとした安堵感《あんどかん》が、次の通りに書かれていた。

『雑誌記者　池島信平』やっと本が届きました。あれは、文藝春秋刊だったんですね。窓口になっていたのは出版の茂木一男君で、編集はおそらく他の人だったのでしょう。

ゲラの段階であらあらと読み、本になって精読しました。みごとな文章と内容でした。ほんのこのあいだまで生きていて、在世中を知る人の多い人間を書くのは困難なものですが、よくおやりになりました。信平さんも、地下で知己を得たことに狂喜しているでしょう。

私は編集者と密着するというくらしをついにしたことがなく、信平さんは〝シバサンの等距離外交〟といってからかったりしていますが、わたしにすれば〝外交〟の感覚さえなく、ただ、人間としてすばらしい人をえらんでおつきあいしてきました。私にはどこか、大会社にもたれている社員編集者に対して、それを軽んずるところがあったのかもしれません。それとはちがい、信平さんは、まったく一人の自由業者でした（医師、弁護士と同じように）。

ただ医師弁護士にはクリエートする才能は必ずしも必要ではありませんが、編集者にはそれが必要で、しかもぜんぶがぜんぶそういうぐあいではありません。そういうい で、私には、編集者につねに不満がありました。池島さんは、そんなことまであかるいデリカシィで見ぬかれて、右のようにからかったのだと思います。

池島さんには、ジェラシィというものがありませんでしたね。あのあかるさと、一枚とびぬけた感じと不離のものであったと思います。

あとがきで、いい御本の数枚をよごした観がありますが、私が感じている池島像の組成部分のほんの一部を書いただけで、御本を読みおえてから、もっとたくさん書くべきだったと思ったりしています。その「めずらしさ」についてです。私どもの時代は、カンブンの素読をならわされて、クンシ、ショージンなどという人間の区分けをアタマにうえつけられたのですが、池島さん、天衣無縫の感じすらする君子でした。小人の部分が奇跡的なほどに見られない人でした。

読後、自分の感じていた池島像がまちがいでなかったことに、ほっとしました。

その人の可愛い弱点ともいうべき〝旧帝大趣味〟まで書いて下さって、みごとに造形

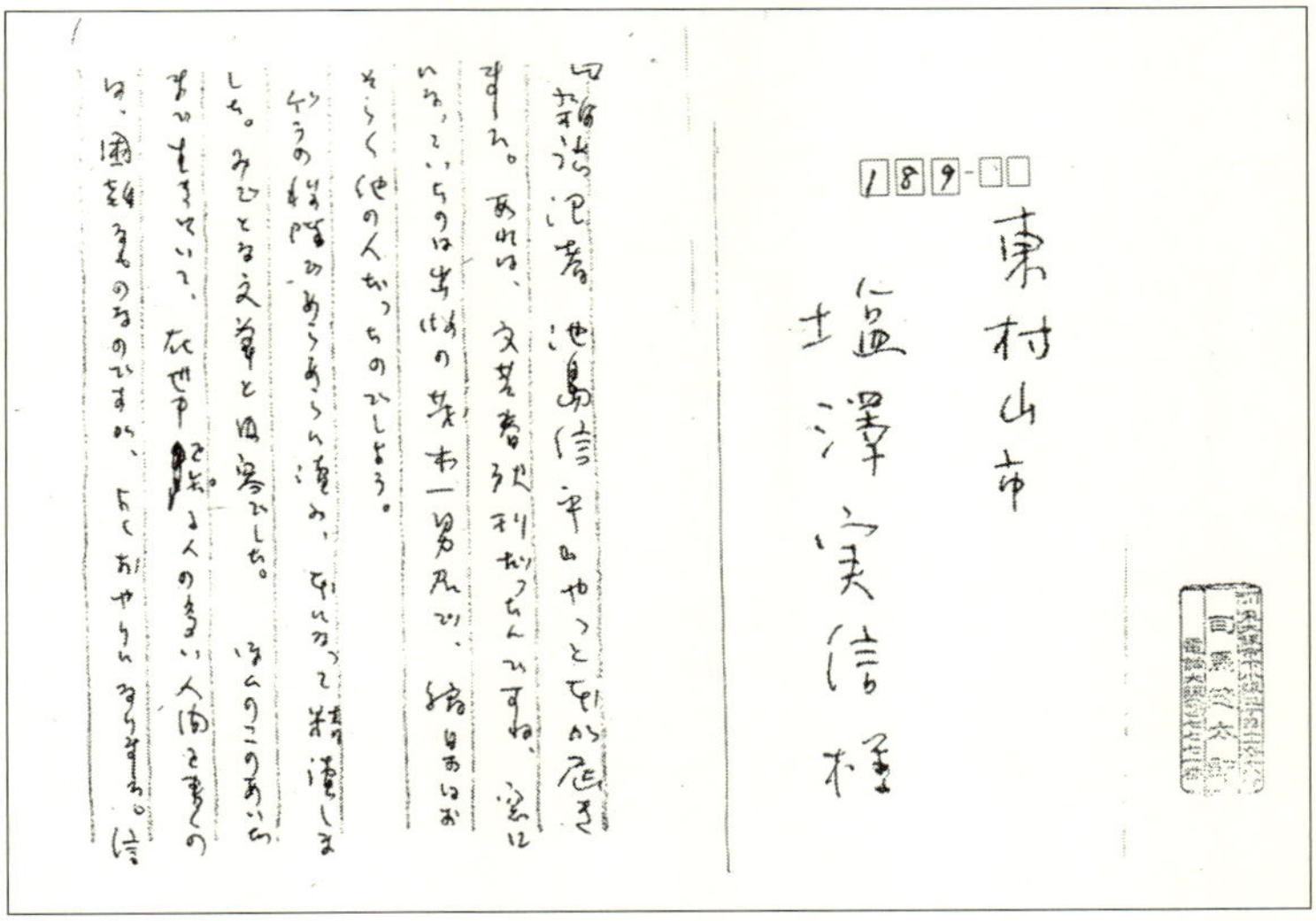

司馬遼太郎の直筆の手紙。

化されました。

以上、読後感のようなものを。

一九八四・一二・二　　司馬遼太郎

塩澤実信様

漢字を極力おさえ、平易な言葉でつづったこれが国民的作家の全文であった。

私は、このあったかなお心のこもった手紙を、何遍読み返したことか。

国民的作家が指摘されるように、十年前の昭和四十八年二月十三日まで生きていて、在世中を知る人の多い人物を書くことは、難しいはずである。

まして、池島信平のように、圧倒的な発行部数を誇る総合出版社の経営者で、広く知られた人の評伝を書こうとするのは、インテリジェンスに欠けた無謀な行為に思われるだろう。

それを蛇に怖じない非才は、やってしまったのである。

東大名誉教授・何初彦は、猪突猛進どころか〝盲進〟してしまった蒙昧《もうまい》な拙著に対して、熟読をされた上で次のように懇切な書評を賜ったのである。

出版風俗史の一面も描き込む

〝信平さん　信平さん〟と多くの人から愛称で呼ばれていた池島信平の人柄を縦糸に、終生雑誌編集者に徹したこの人と交流する出版界の時代風潮も描き込んだ評伝である。

はじめ大学時代には歴史学徒を志し、周囲からも嘱望されていた池島が、文藝春秋社に入社する動機にはかなり好奇心が働いたようだが、以後の半生はその創業者菊池寛に対する傾倒に貫かれている。

リベラルといわれる社風になじむと共に、何よりも菊池の本音とタテマエの背馳しない生き方に魅せられてゆくのである。

編集者の心がけとしても、「話」創刊のあと編集長を兼ねた菊池の実力をつぶさに知り、その斬新なアイディアと編集方式が、記者一年生の池島に大きな影響力を持つ。

この書の著者は、生前の池島と直接話したことはついになかったというが、そのことがかえってこの評伝の独自の成功をもたらしたのかも知れない。綿密な資料蒐集を前提に、メモ類の探索から断簡隻句周到に整理し、しかも常に人間池島を見失わない筆力はなかなかなものである。

なまじ本人に接したことのある者にとっても、その思わぬ一面をデータによって知らされ瞠目することがある。

とくに池島と親しかった知友、同僚たちを実に克明に訪ねてその片言を文中に生かし、なかでも家族をめぐって郁子未亡人の卓抜した協力が幸いしている。

良識をモットーとする彼の編集方針も、その堅実な家庭環境に裏づけられている感が深い。

戦火の進展が出版社に苦難の時期を強いるが、昭和十九年満州から帰任して念願の「文藝春秋」編集長になった彼を待っていたのは六十四頁の小冊子であった。そして戦後の用紙事情、占領政策のもとに混迷を極めた出版界で、とにかく「文藝春秋」が復刊されたのは池島の熱意に負うところが多い。

二十年一二月号に載った長谷川如是閑の「負けに乗じる」は、新しい時流便乗者を容赦なく批判したもので、やはり自由に対する池島の固い信条に一致するところがあったからともいえよう。

その後文藝春秋社解散、佐佐木茂索社長のもとに新社創立などの変転に続いて、終生の恩師ともいうべき菊池寛の急逝は何よりの痛恨事であったろう。

その偉さについては、本書で司馬遼太郎が触れているように〝大きな袋をつくっておいてくれた〟という池島の表現こそ尊敬する菊池に対すると共に、彼自身の方向をも示すものである。

取締役、編集局長になった後も雑誌社の核心は生きた現場にあるという想念は離れがたく、二十三年自ら「文藝春秋」の編集長を兼任し、特に明六雑誌の宣言をひいた〝爽やかさ〟を信条とした。この線に添って文春の声価はあがるのであるが、「天皇陛下大いに笑う」の名企画も池島の臨機のひらめきによるものであった。

文藝春秋社の発展は四十一年麹町に新社屋完成を見たが、社長佐佐木茂索の逝去に伴い、池島信平社長が実現する。

しかし本人にとっては宏大な社長室より、編集局を歩き回る方がやはり柄に合っていたようだ。

読了して、一雑誌記者の「編集者としての才賦と温厚な生き方」についてと、その生きた背後の出版風俗史の一面を、かなり具体的に知り得たのが収穫であった。

(四六判、三三六頁・一五〇〇円・文藝春秋)(が・はつひこ氏＝東京大学名誉教授・雑誌論専攻)

百冊を越える拙著の中には、外国で翻訳されるものもあった。昭和末期から平成十年代にかけて、シリーズとして二十年余刊行された『比較日本の会社　出版社』がその一冊で、拙著は台湾と韓国で翻訳され、出版された。

さらに、『雑誌１００年の歩み』も、『日本雑誌百年巡禮』のタイトルで、中国語版が出版されている。話題のタネに、つたない私の文章が中国語に翻訳されたら、どのようになるかを『日本的出版界』の「序言」と、『日本雑誌百年巡禮』の「ロマンス」の章で比較してみると次の通りである。

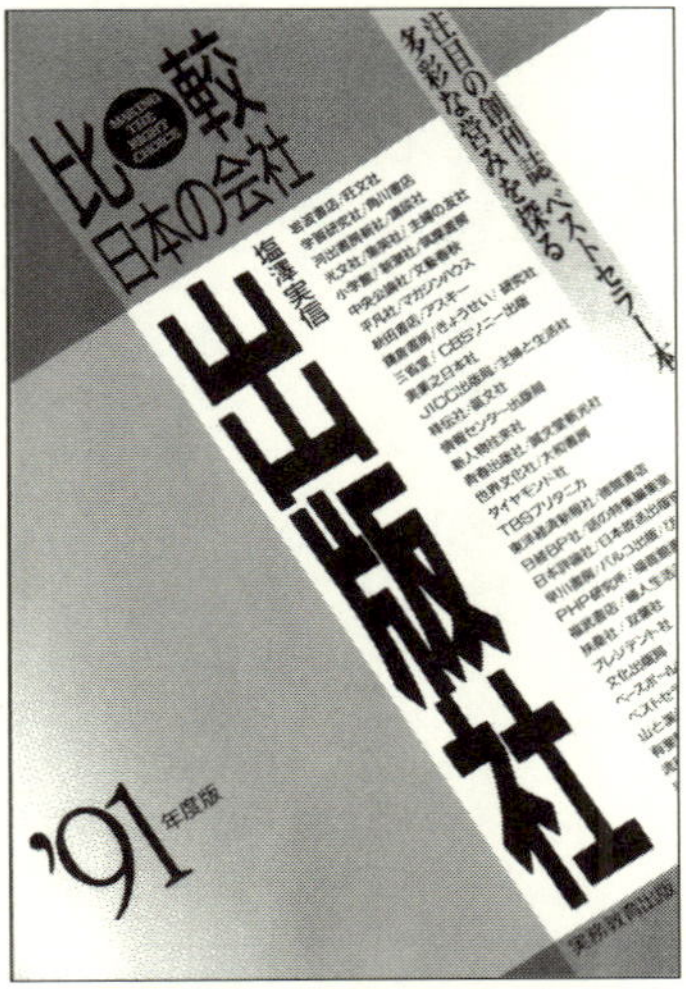

「比較日本の会社　出版社」。

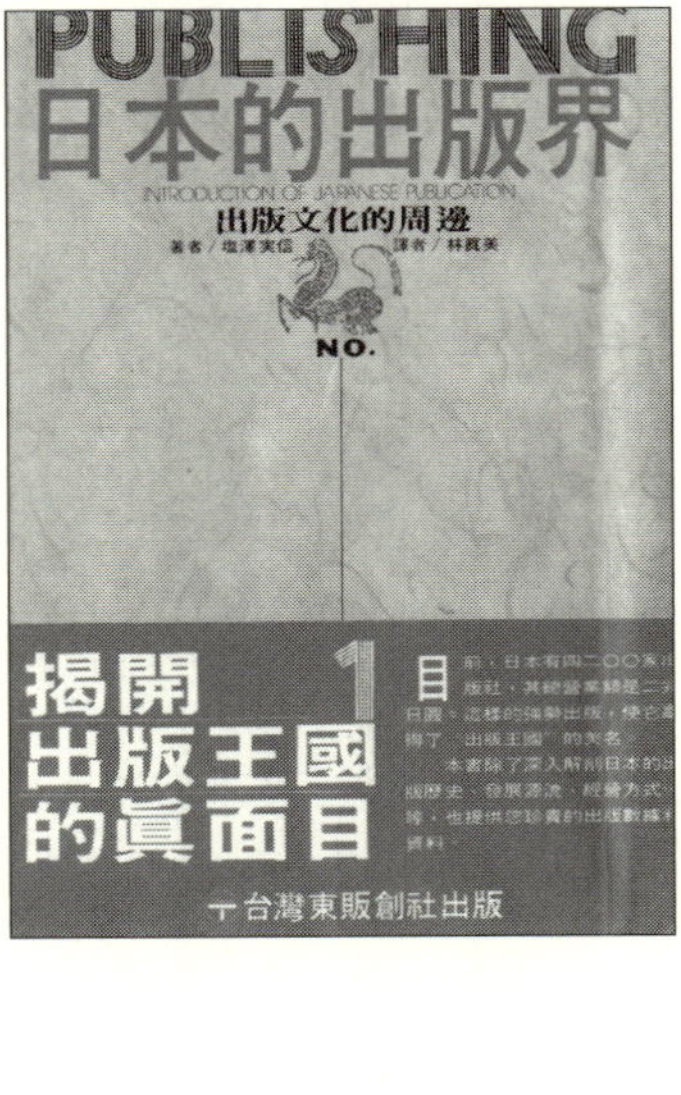

台湾版「日本的出版界」。

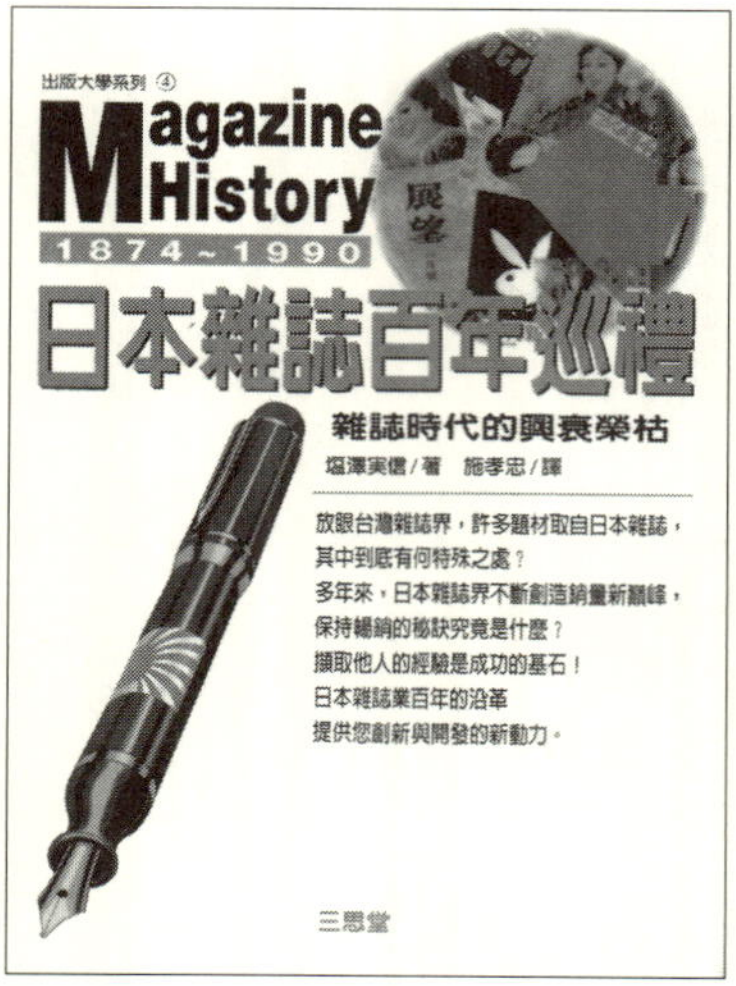

中国語版「雑誌１００年の歩み」。

「雑誌１００年の歩み」。

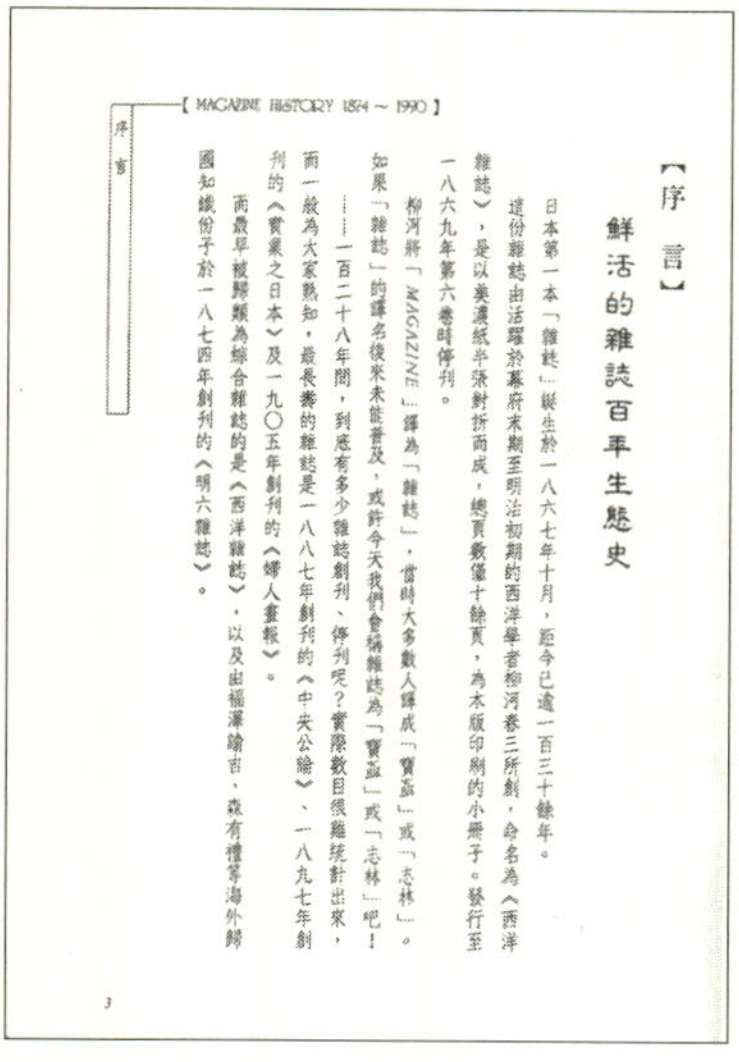

【MAGAZINE HISTORY 1874～1990】

序言

【序 言】

鮮活的雜誌百年生態史

日本第一本「雜誌」誕生於一八六七年十月，距今已逾一百三十餘年。

這份雜誌由活躍於幕府末期至明治初期的西洋學者柳河春三所創，命名為《西洋雜誌》，是以美濃紙半張對折而成，總頁數僅十餘頁，為木版印刷的小冊子。發行至一八六九年第六卷時停刊。

柳河將「MAGAZINE」譯為「雜誌」，當時大多數人譯成「寶函」或「志林」。如果「雜誌」的譯名後來未能普及，或許今天我們會稱雜誌為「寶函」或「志林」吧！

——一百二十八年間，到底有多少雜誌創刊、停刊呢？實際數目很難統計出來，而一般為大家熟知，最長壽的雜誌是一八八七年創刊的《中央公論》、一八九七年創刊的《實業之日本》及一九〇五年創刊的《婦人畫報》。

而最早被歸類為綜合雜誌的是《西洋雜誌》，以及由福澤諭吉、森有禮等海外歸國知識份子於一八七四年創刊的《明六雜誌》。

3

中国語版「雑誌１００年の歩み」序言部分。

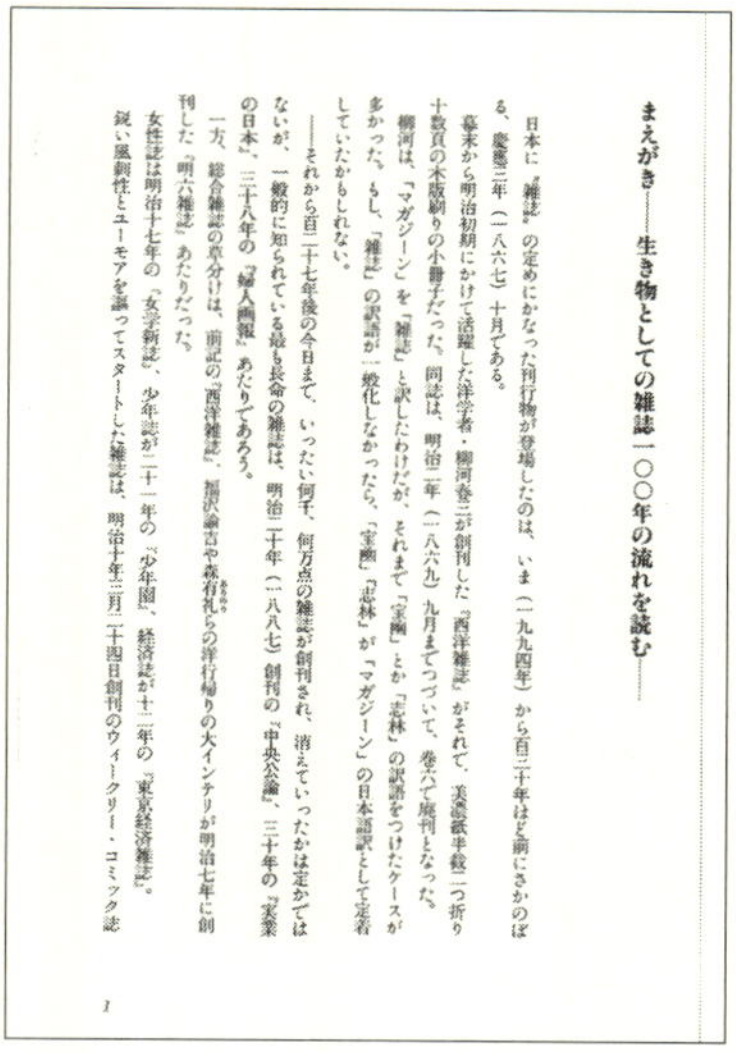

まえがき——生き物としての雑誌一〇〇年の流れを読む——

日本に"雑誌"の定めにかなった刊行物が登場したのは、いま（一九九四年）から百三十年ほど前にさかのぼる、慶應三年（一八六七）十月である。

幕末から明治初期にかけて活躍した洋学者・柳河春三が創刊した『西洋雑誌』がそれで、美濃紙半裁二つ折り十数頁の木版刷りの小冊子だった。同誌は、明治二年（一八六九）九月までつづいて、巻六で廃刊となった。

柳河は、「マガジーン」を「雑誌」と訳したわけだが、それまで「宝函」とか「志林」の訳語をつけたケースが多かった。もし、「雑誌」の訳語が一般化しなかったら、「宝函」「志林」が「マガジーン」の日本語訳として定着していたかもしれない。

——それから百二十七年後の今日まで、いったい何千、何万点の雑誌が創刊され、消えていったかは定かではないが、一般的に知られている最も長命の雑誌は、明治二十年（一八八七）創刊の『中央公論』、三十年の『実業の日本』、三十八年の『婦人画報』あたりであろう。

一方、総合雑誌の草分けは、前記の『西洋雑誌』、福沢諭吉や森有礼《ありのり》らの洋行帰りの大インテリが明治七年に創刊した『明六雑誌』あたりだった。

女性誌は明治十七年の『女学新誌』、少年誌が二十一年の『少年園』、経済誌が十二年の『東京経済雑誌』。鋭い風刺性とユーモアを謳ってスタートした雑誌は、明治十年三月二十四日創刊のウィークリー・コミック誌

1

「雑誌１００年の歩み」まえがき部分。

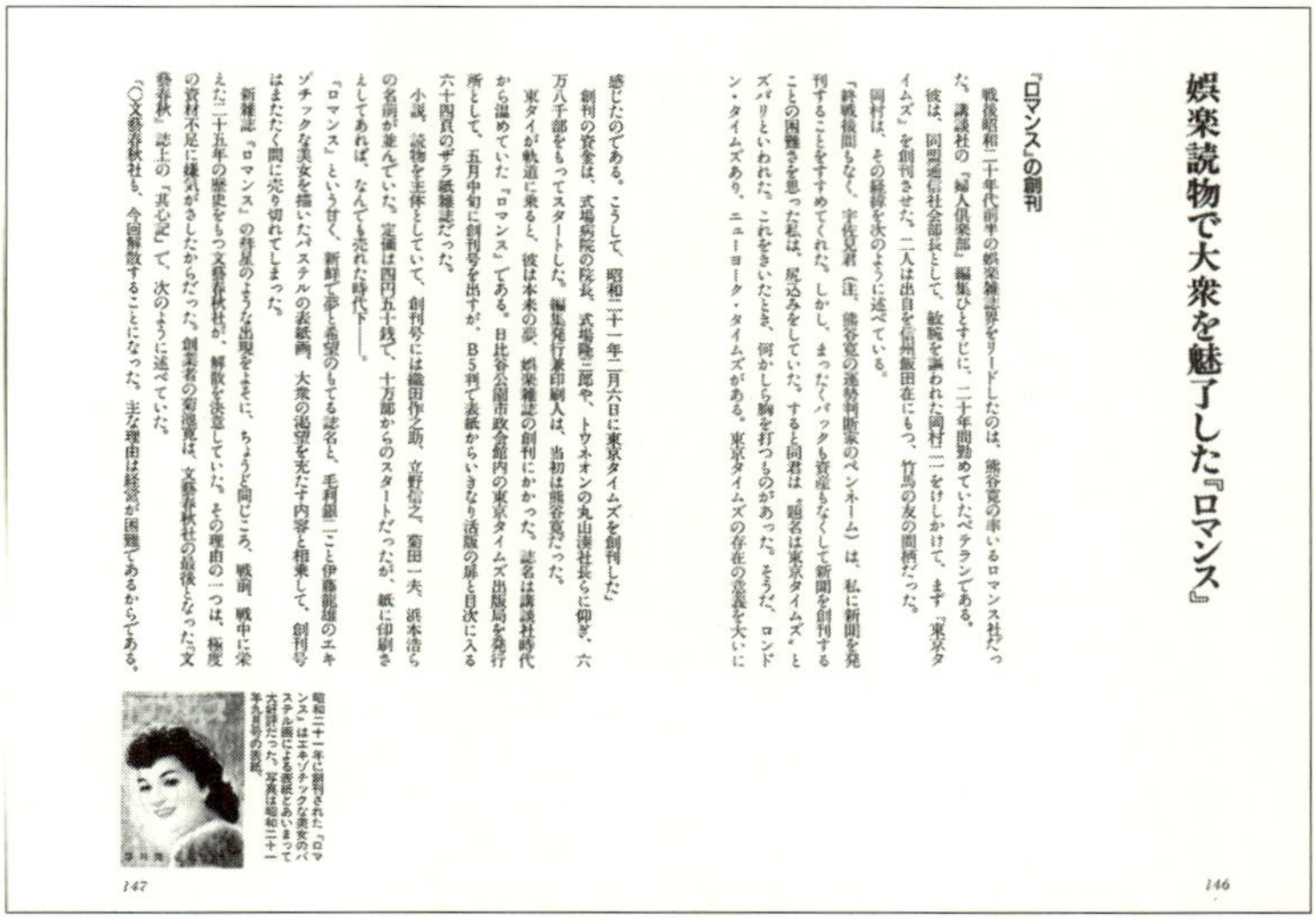

娯楽読物で大衆を魅了した『ロマンス』

『ロマンス』の創刊

戦後昭和二十年代前半の娯楽雑誌界をリードしたのは、熊谷寛の率いるロマンス社だった。講談社の『婦人倶楽部』編集ひとすじに、二十年間勤めていたベテランである。

彼は、同盟通信社会部長として、敏腕を謳われた岡村二一をけしかけて、まず『東京タイムズ』を創刊させた。二人は出自を信州飯田在にもつ、竹馬の友の間柄だった。

岡村は、その経緯を次のように述べている。

「終戦後間もなく、宇佐見君（注、熊谷寛の運勢判断家のペンネーム）は、私に新聞を発刊することをすすめてくれた。しかし、まったくバックも資産もなくして新聞を創刊することの困難さを思った私は、尻込みをしていた。すると同君は〝題名は東京タイムズ〟とズバリといわれた。これをきいたとき、何かしら胸を打つものがあった。そうだ、ロンドン・タイムズあり、ニューヨーク・タイムズがある。東京タイムズの存在の意義を大いに感じたのである。こうして、昭和二十一年二月六日に東京タイムズを創刊した」

創刊の資金は、式場病院の院長、式場隆三郎や、トウネオンの丸山湊社長らに仰ぎ、六万八千部をもってスタートした。編集発行兼印刷人は、当初は熊谷寛だった。

東タイが軌道に乗ると、彼は本来の夢、娯楽雑誌の創刊にかかった。誌名は講談社時代から温めていた『ロマンス』である。日比谷公園市政会館内の東京タイムズ出版局を発行所として、五月中旬に創刊号を出すが、B5判で表紙からいきなり活版の扉と目次に入る六十四頁のザラ紙雑誌だった。

小説、読物を主体としていて、創刊号には織田作之助、立野信之、菊田一夫、浜本浩らの名前が並んでいた。定価は四円五十銭で、十万部からのスタートだったが、紙に印刷さえしてあれば、なんでも売れた時代下――。

『ロマンス』という甘く、新鮮で夢と希望のもてる誌名と、毛利銀二こと伊藤龍雄のエキゾチックな美女を描いたパステルの表紙画、大衆の渇望を充たす内容と相乗して、創刊号はまたたく間に売り切れてしまった。

新雑誌『ロマンス』の彗星のような出現をよそに、ちょうど同じころ、戦前、戦中に栄えた二十五年の歴史をもつ文藝春秋社が、解散を決意していた。その理由の一つは、極度の資材不足に嫌気がさしたからだった。創業者の菊池寛は、文藝春秋社の最後となった『文藝春秋』誌上の「其心記」で、次のように述べていた。

「○文藝春秋社も、今回解散することになった。主な理由は経営が困難であるからである。

昭和二十一年に創刊された『ロマンス』はエキゾチックな美女のパステル画による表紙とあいまって大好評だった。写真は昭和二十一年九月号の表紙。

146　147

「雑誌１００年の歩み」ロマンス部分。

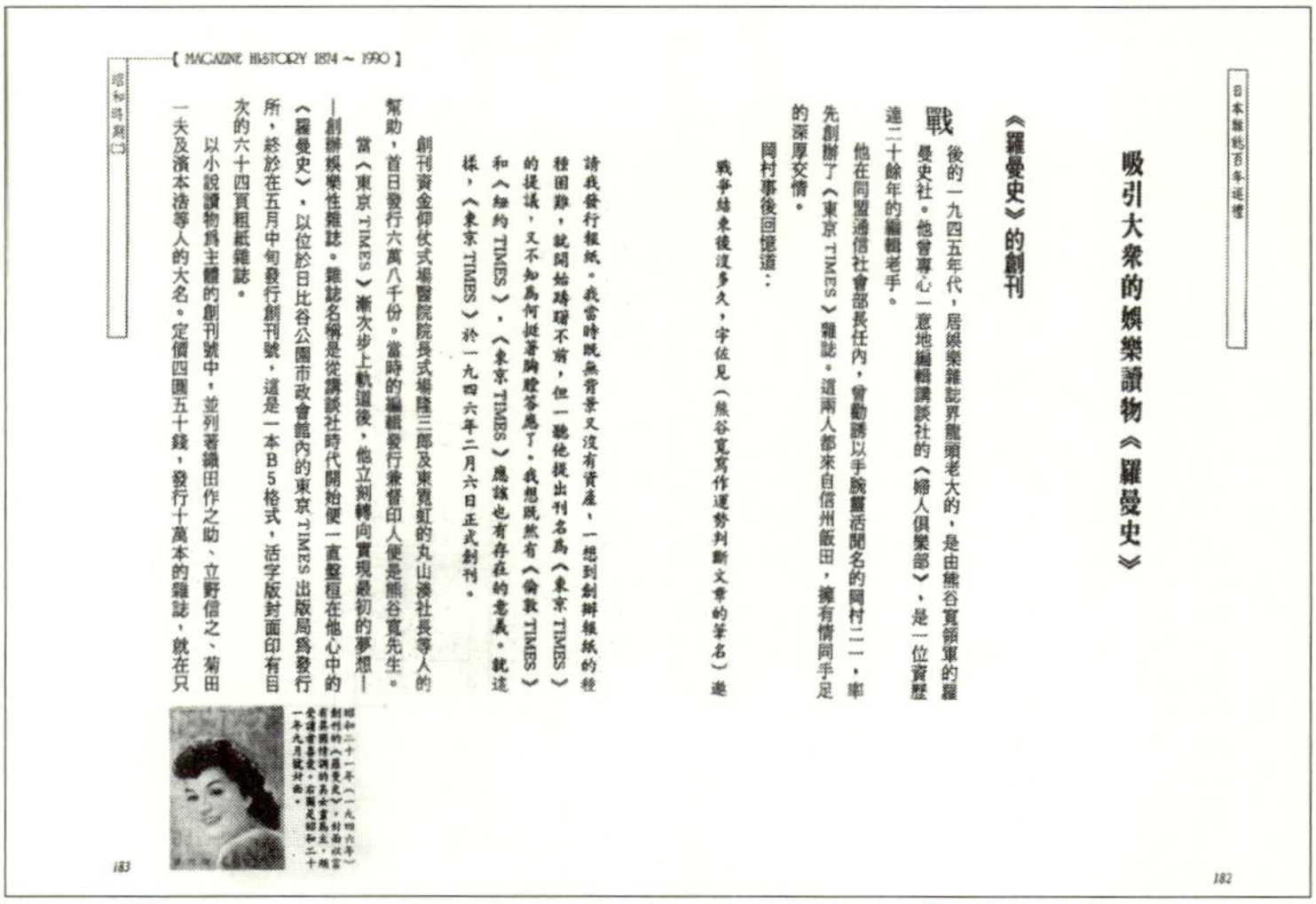

日本雜誌百年巡禮

吸引大衆的娛樂讀物《羅曼史》

《羅曼史》的創刊

戰後的一九四五年代，居娛樂雜誌界龍頭老大的，是由熊谷寬領軍的羅曼史社。他曾專心一意地編輯講談社的《婦人俱樂部》，是一位資歷達二十餘年的編輯老手。

他在同盟通信社會部長任內，曾勸誘以手腕靈活聞名的岡村二一，率先創辦了《東京 TIMES》雜誌。這兩人都來自信州飯田，擁有情同手足的深厚交情。

岡村事後回憶道：

戰爭結束後沒多久，宇佐見（熊谷寬寫作運勢判斷文章的筆名）邀請我發行報紙。我當時既無背景又沒有資產，一想到創辦報紙的種種困難，就開始躊躇不前，但一聽他提出刊名爲《東京 TIMES》的提議，又不知爲何挺著胸膛答應了。我想既然有《倫敦 TIMES》和《紐約 TIMES》，《東京 TIMES》應該也有存在的意義。就這樣，《東京 TIMES》於一九四六年二月六日正式創刊。

創刊資金仰仗式場醫院院長式場隆三郎及東寬虹的丸山湊社長等人的幫助，首日發行六萬八千份。當時的編輯發行兼督印人便是熊谷寬先生。

當《東京 TIMES》漸次步上軌道後，他立刻轉向實現最初的夢想——創辦娛樂性雜誌。雜誌名稱是從講談社時代開始便一直盤桓在他心中的《羅曼史》，以位於日比谷公園市政會館內的東京 TIMES 出版局爲發行所，終於在五月中旬發行創刊號，這是一本B5格式，活字版封面印有目次的六十四頁粗紙雜誌。

以小說讀物爲主體的創刊號中，並列著織田作之助、立野信之、菊田一夫及濱本浩等人的大名。定價四圓五十錢，發行十萬本的雜誌，就在只

昭和二十一年（一九四六年）創刊的《羅曼史》，封面以富有異國情調的美女畫爲主，頗受讀者喜愛。右圖是昭和二十一年九月號封面。

【MAGAZINE HISTORY 1874～1990】　昭和時期(二)

182　183

中国語版「日本雑誌百年巡禮」羅曼史部分。

日本の食生活を視野に

出版界の落ち穂拾いに糧《かて》を求めて、徘徊を開始して程なく、一見お門違いの婦人生活社発行の季刊・味のコレクション『饗宴』に連載を持ったのは、同郷出身の編集者藤森正一のすすめを受けたからだった。

婦人雑誌育ちの藤森と知り合ったのは、『信濃毎日新聞』夕刊の四・五面を占める「ほん」の欄に、「信州出版人この一冊」を連載した折である。

岩波書店を筆頭に、みすず書房、筑摩書房、理論社、あかね書房、暁教育図書、あすなろ書房、大和書房、青春出版社、径書房、第一法規出版、桐原書店、すずさわ書店など、信州出身者の創業した社が多いだけに、出版界に活躍する人物は多士済済《たしせいせい》だった。

昭和五十年代当時、現役として活躍していた五十八人と、先達の四人を選び、原稿五枚に近影を添え、水曜日夕刊へ一年二カ月にわたり寄稿したのである。

煩雑な誇りを覚悟の上で、ここに登場者名を掲載するのは、地方紙とはいえ、県下をカバーする信毎四・五面に跨るスペースに、写真入りで活躍ぶりのルポルタージュが登載されるとあって、当人は無論のこと、血縁、地縁につながる人々が心待ちにし、掲載紙を神棚や仏壇に供え、さらに何十部も購って、関係者に配布するなど、ちょっとした波紋が起きたことを仄聞しているからである。

信毎紙に登場願った顔ぶれは、まず先達として、岩波書店主・岩波茂雄、地方出版の魁・山村正夫、筑摩書房・古田晁、「展望」編集長・臼井吉見の登場を願った。

以下、現役としては次のメンバーであった。

三井正光（オーム社）、田村芳雄（有斐閣）、小口修平（つり人社）、原田島村（伊那史学会）、加藤一夫（光文社）、守屋真明（三省堂）、大沼淳（文化出版局）、坪田五雄（暁教育図書）、畑太郎（文理）、宮崎正貴（社会保険新報社）、中村安孝（名著出版）、清水文人（双葉社）、窪田幸茂（マガジンハウス）、森田芳夫（実業之日本社）、山浦常克（あすなろ書房）、山村光司（理論社）、大島與作（講談社）、真田光雄（小学館）、竹内好春（岩波書店）、大輪盛登（図書新聞）、押鐘冨士雄（三笠書房）、原田奈翁雄（径書房）、石坂重明（千曲秀版社）、河野実（経済界）、今井今朝春（ワールドフォトプレス）、山崎賢二（桐原書店）、塩沢敬（集英社）、田中重彌（第一法規出版）、小尾俊人（みすず書房）、桜井恒次、原秀幸（角川書店）、岡本陸人（あかね書房）、椎橋久（講談社）、篠田益實（三省堂）、大和岩雄（大和書房）、宮原照夫（講談社）、中島岑夫（筑摩書房）、小平協（東洋経済新報社）、林四郎（小学館）、小沢和一（青春出版社）、白川浩司（文藝春秋）、稲吉富雄（旺文社）、福島茂喜（ごま書房）、坪井広光（旺文社）、城下幸雄（早稲田大学出版部）、藤森正一（婦人生活社）、水城顕（集英社）、野口晴男（小学館）、岡村修（徳間書店）、峯村泰光（すずさわ書店）、岩波剛（新潮社）、小宮山量平（理論社）、倉沢爾朗（中央公論社）、長沼末廣（中央大学出版部）、菊池喜三次（三一書房）、森千栄子（桐原書店）。

信毎の出会いから、藤森正一は新宿の仕事場に顔を出すようになり、豪華な季刊誌「饗宴」の創刊が決まると、テーマ、ライター、特集、連載の企画の段階から参画を乞われた。企画に加わった証左は、創刊号の表紙に、野坂昭如、鯖田豊之、浅井愼平、色川武大、近藤啓太郎、日高敏隆、西丸震哉、松本幸男、小川後楽、澁澤龍彦、虫明亜呂無、田村隆一、塩澤実信、野々上慶一、夫馬基彦、田辺茂一、山本益博、佐原秋生、矢吹申彦が載っていて、その中の数人は私が推挙した書き手だった。

さらに、「日本の食生活を変えたこの店・この料理」七頁の連載を受け持つことになって、

第一回　横浜・中華街　聘珍樓

第二回　日本の味の後見人《プロンプター》「にんべん」

第三回　大江戸・柳橋　亀清楼

第四回　洋菓子　上野　凮月堂

の順に書いていくが、この企画は『出版社の運命を決めた一冊の本』の手法を、日本の食のテーマに変えたものだった。

私は臆面もなく、出版三部作で開拓した筆法を踏襲したのである。

鰹節一本で三世紀の誇りを持つ「にんべん」の以下の書き出しに、それは色濃かった。

老舗には、歳月と伝統に裏打ちされた重厚な顔がある。独特な匂いがある。二百八十年余の歴史を持った「にんべん」には、さらに江戸の「古き良き時代《グッド・オールド・エイジ》」が、のれんを色濃く染めている。

同じ歳月の重さをもつ三井などにはない匂いだ。それは一筋の血につらなる者が陣頭指揮で「あきない」にかかわり、体を張って守り続けてきた店にのみ、ただよう匂いである。良質のカビのもつ、香しい匂いと表現したらいいのかも知れない。

「にんべん」は、老舗のこの条件に背馳しない鰹節一本に、三百年の伝統を添えた営みであった。店のキャッチフレーズが、「日本の味を伝えて三百年」というのも、偽りのない言葉である。

その創業は元禄十二年（一六九九）という。徳川家康の江戸開府から九十六年目にあたり、五代将軍綱吉の絢爛たる元禄時代であった。四十七士が吉良邸に討ち入りしたのは、この三年後。世は「元禄風」と呼ばれる時代精神がみなぎり「一寸先は闇なり、なんの糸瓜《へちま》の皮、思ひ置きは腹の病、当座当座にやらして、月・雪・花・紅葉にうちむかひ、歌をうたひ、酒のみ、浮きに浮いてなぐさみ、手前のすり切りも苦にならず、これを浮き世と名づくるなり」と、刹那的な享楽が充満している世であった。

「にんべん」の初代高津伊兵衛は、こうした浮かれ世相を背景に、日本橋四日市の土手蔵前（現在の通り一丁目野村證券本社付近）に、鰹節と干魚類の露店を出したのだ。

二十一の歳であった。この人は、元禄四年、わずか十三歳で江戸小船町の油屋太郎吉の店へ、伊勢から下って奉公に入った。二十歳で、早くも店主名代として、京・大坂に上がるまでに出世する。誠実で忍耐強く、商才に抜きん出ていたのであろう。

しかし、出る杭は打たれるの喩えで、店の先輩、同輩の強いねたみ、嫌がらせに遭い、加えて、元禄の風潮、贅沢華美におぼれた主人に諫言したことから、不評をかって退店へ追い込まれた。（以下略）

（1981年発行第2号）

つづいて三回目の亀清楼の一部も掲載させていただく。

大江戸・柳橋　亀清楼

江戸の名残の料亭

柳橋——。

その小粋な名に似ない、無骨な鉄橋を渡ると、江戸時代から紅燈の巷として栄えた柳橋である。神田川が大川に注ぐ川じりにあるが、墨田河畔に護岸工事が施された今日では、江戸の四季を彩った墨堤の面影はない。いや、コンクリートで堅固に守られた隅田川、神田川には、自然の片鱗すら認められず、〝人造川〟の流れの端に、昔なつかしい柳橋の地名のみが遺されている感じである。

江戸前の味を伝える亀清楼は、その橋の袂にある。安政元年（一八五四）に創業と聞くから、亀清楼を名のってから百二十有余年を閲したことになる。この間の世の変わり様はすさまじいばかりであった。……偶然、明治初年に撮影された亀清楼の写真が遺されていて、それを見ると変貌の落差は驚嘆のかぎりである。江戸の古地図によって、亀清楼が現在と同じ場所にあることはかろうじてわかる。神田川と大川が一つに溶け合った左角の石垣の上の、二階建ての広壮な建物が幕末に創業された亀清楼のそれだ。神田川の川面には屋形船が一艘、係留されて、大川には屋形舟が浮かんでいる。墨絵のような対岸の風景は、森やまばらな人家なのであろう。江戸ッ子が年中行事として、もっとも楽しみとしていた花見の名所、墨堤の桜は、対岸の向島にあった。

「花見の場所数ある中に、墨堤の花見の上をこす賑わいはなし」と謳われた場所だ。そして享保十八年（一七三三）からはじまった両国の川開き……、納涼船を浮かべ、あるいは大川端の酒亭で、弦歌のにぎわいがみられたのも、年中行事の川開きがつづき、隅田川の岸辺が、護岸工事に改装される前までだった。

柳橋は文人墨客、高位高官、粋人が足繁く訪れ、名花とロマンの花を咲かせ、命の洗濯をした社交倶楽部的存在だった。

幕末、将軍の侍講であった成島柳北は、徳川の治政が崩壊するや、新しい時代に背を向け「無用之人」を自称して韜晦の後半生を送った。その柳北が、弦歌にうつつをぬかし、青春を濫費した場所も　、柳橋であった。彼は烟花の巷に耽溺した体験をもとに『柳橋新誌』を残しているが、幕末から明治にかけての柳橋花街を描いて、この著書を超えるものはないといわれる。

文芸評論家の江藤淳は、柳北と亀清楼にふれて次のように記している。

「幕末の文人何有仙史成島柳北先生の『柳橋新誌』に曰く、柳橋は酒楼おびただしく江都に冠たりといへども、酒肴はほとんど亀清楼に及ぶものなしと。柳ばし亀清楼の創業は実に安政元年なり。亦曰く柳橋の妓はその粧飾淡にして趣あり、その意気爽にして媚びず、世俗にいはゆる神田上水を飲む江戸ッ子の気性なるものにして深川の遺風を存するものなりと。（以下略）」

亀清楼は、幕末の下町、柳橋では名の知られた江戸前のうまい料理を食べさせる、粋筋の社交場だったことがわかる。当主の福島徳祐によると、亀清楼の前身は万八楼であったという。

「亀清楼に改名したのが安政元年と聞いています。それ以前は万八楼と言っていたそうです。関東大震災と今次大戦の空襲によって、古い記録がことごとく灰燼に帰していますので、私どもも伝え聞きでしかその辺のことは聞いていないのです」と言う。

江戸時代から明治、大正にかけての資料が消失した現在、万八楼として栄えた酒楼から亀清楼に改名した経緯、それぞれの時代にどのような懐石料理を饗していたかは、残念ながらわからない。ただ、亀清楼の前身が万八楼とすると、その酒楼は、十九世紀初期の江戸で超スケールの懐石料理店だったことが、滝沢馬琴（一七六七—一八四八、江戸時代の人気小説家）の書状から明らかになる。

友人に宛てられた馬琴の手紙によると、柳橋の万八楼で行った大饗宴は、天保七年八月十四日。版元の求めに応じて行ったと記されている。そして、この会合のための準備として、来客への配り物に――用意した扇子が三千本、絹の袱紗が二百五十幅にも上がった……というほどの大がかりなものだった。

参考までに記すと、馬琴がこの時に招いた客は八百余人に達したといい、G・Bサムソムの『西欧世界と日本』「江戸の生活」の項には次のように述べられている。

「ついに会合の日が到来した。それは柳橋の万八楼という大料亭で行われた。準備万端気前よく整っていた。馬琴の家族と多くの友人たちの裃《かみしも》を着けた来客で、早朝から、いっぱいとなった。階上の部屋も階下の部屋も満員になり、来客たちは縁側に溢れた。酌とりの芸子をやとって酒の酌をさせたが、馬琴は芸子をやとうことを好まず、いとわしく思いながらも不承不承世話人の計らいに同意しただけであった。」

馬琴は、その日の招待がどんなに大仕掛けのものであったか、次のようにも書いてる。

「その日は雅俗の出席者が八百余人に達しました。これに主催者や世話人そのほか招かれずに来たひとびとが二百人以上もいました。食事は千二百八十余人前出しましたが、酒は三樽では足りず、追加を急いで取り寄せなくてはなりませんでした……。

ともあれ、ここ二十年来、かくの如き盛会はたぐいのないことだとの評判でありました。」

出席の顔ぶれは谷文一（文晁の孫）、渡辺崋山、歌川国芳、安藤広重、葛飾北斎といった浮世絵師。柳亭種彦、爲永春水を含む戯作者、そして学者、役者、出版業者など、この時代の優れた文人、芸術家、役人、侍らが柳橋の万八楼に集まったことになる。天保七年（一八三六）の年代に、この多人数の客を饗応できた柳橋の料理茶屋の実力に瞠若する。

江戸の料理

江戸時代の料理茶屋、酒楼は、花柳界と密接に結びついて発展した。高名な料亭がことごとく、紅燈の巷の周辺にあったことからもわかる。たとえば、江戸で最初に名を知られた料理茶屋八百善が、江戸随一の〝社交場〟吉原と眼と鼻の先の山谷にあったことや深川の土橋に平清が、柳橋に梅川、万八という具合だ。

これは、遊里に出入りする文人墨客が、近くの酒楼に立ち寄り、その口コミによって店の名が喧伝されたことにもよる。八百善については、勃興期に谷文晁や蜀山人、鵬斎といった当代一流の文化人、あるいは食通をもって知られた酒井抱一らが足繁く通い、主人の見事な庖丁さばきにまつわる数々の逸話をのこした。

「……その頃の所謂食通なるものの味覚が、いかに洗練されていたかという例として、ある時抱一が、此家の刺身を一口食べて、料理人に、研ぎたてで濯ぎの足りない庖丁の移り香のあることを咎めたなどという尤もらしい作り話などは、あまりに屢々繰返されている。作り話といえば、あの『寛天見聞記』などに見えているお茶漬けの話も頗る念がいっている」

江戸時代の料理に精通した宮川曼魚の『料理屋の今昔』によると、その件は次のように紹介されている。ある時、酒も飲みあきた食通が二、三人で八百善へ行き、茶漬けを食わしてくれと所望した。

「暫くお待ち下さい」

と言って、引き下がったが、半日あまりの待ちぼうけをさせ、出て来たのは、走りの瓜と茄子の粕漬けをかやくに刻んだ香の物と、煎茶だった。それでいて、書き出し（請求書）をみると金一両二分というべら棒な高額。食通も興ざめして、険をふくんだ声で、

「いかに珍しい香の物とはいえ、あまりにも高いではないか」

と言った。

代々善四郎を名のる当主は、食通の問いに、動じることもなく、こう、説明したという。

「香の物はともかく、茶はいくら佳い物を用いても土瓶に半斤とははいりません。高くついたのは茶に合う水を早飛脚を仕立てて、玉川まで汲みにつかわしたからです」

作られた話としても、江戸時代の格式ある料理茶屋の料理に対する意気ごみが感じられるようである。

いまひとつ、八百善の香の物にかかわる話に、幕末の医師が、ある日、長崎奉行の高橋越前守に招かれた時に食べたハリハリ漬けの件がある。かずかずの料理が出たあとで、御飯の時にハリハリ漬けがでた。一口食べてみるとすばらしいおいしさなので、「何処

でお求めになりましたか」と聞くと、八百善だとのことだった。

饗応にあずかった医師は、早速つぎの日に五寸ばかりの蓋物を使いに持たせて山谷の八百善まで買いに走らせた。

ハリハリ漬けを購って、さて代金を支払おうとすると、三百疋（金一両の四分の三）だという。驚いて、高い料金の理由を問いただすと、八百善の主人は平然と、

「手前どものハリハリは、尾張から取り寄せた一本選りの細大根を、辛味の出るのをおそれて水で洗わず、はじめから味醂で洗って漬けてますので、高価につくわけでして……」

と言ったとか。

この話を紹介した、『五月雨草紙』は「八百善が、需に応じて作る料理を顧みざる往々比類なりき」と、記している。

これらの料理を作るのは、板前であった。板前という名は、料理場の正面の料理板を前に座って焼き方、煮方、洗い方、追い廻しを総括していたところからでた言葉である。料理一切にかけては、主人より板前のほうが権限を持っていた。

「河岸に買い出しに行くのも板前で、料理については主人も口出しが出来ない。店そのものよりも、板前に客が付いている、ということが多かった。（中略）

おおきな料理屋では、板前に女中が一人ついていて、世話をする。その板前が昼飯を食べるとき、脇板（注・助手）がこしらえる。だが、一箸つけただけで板前があとは食

べないとその脇板の料理は落第ということになる。

料理を作るとき、煮方は煮方、焼き方は焼き方で、それぞれ仕事があり、板前は正面に坐って、料理場全体に眼を光らせる。吸物の味を見たり、料理の盛りつけに注意する。脇板の作った刺身を器にならべるぐらいが、板前の仕事だが、すべて責任は自分の肩にかかる。しかし客の座敷には顔を出さなかった。」（村上元三『江戸雑記帳』）

八百善や、落語でお馴染みの百川、柳橋の川長《かわちょう》などという料亭には、こと料理に対しては主人以上の権限をもつ板前が、眼を光らせていたという。この種の料理茶屋の料金は、村上元三の説によると、箱が入る、つまり芸者を呼んで一人で一両近くかかった、という。庶民の行く縄のれんが、軍鶏鍋二枚に酒五本飲んで、高い店でも一朱で足り、安いのは、三本飲んで肴を二皿ほど食べて五十文ぐらい、どぜう鍋が二百文、鰻の蒲焼き一人前、一朱程度という時代に、一人一両の茶屋遊びは、大変な高さだったと言える。

では、一流といわれた料理茶屋の献立は、どのようなものであったか。八百善の主人が書いた『江戸流行料理通』には、この店の料理献立が紹介されている。こころみに、冬の献立を書き出してみる。

鱠　朝月平目・いかせん・白髪うど・まき岩たけ・青海苔・くり・生姜

汁　きすのつみいれ・ふきのとう

猪口　つくし・嫁菜

香物　押うり・奈良漬なす・しん大根
坪　赤貝やわらかに・焼栗・銀杏
平　巻甘鯛・鴨そぎ身・漬松茸・くわい・じくせり
二汁　あいなめ・葉ぼうふう
焼き物　けんちん小鯛・煮とうがらし

客筋は、お忍びで来る大名、旗本、金持ちの町人、文人墨客と、江戸の一流人に占められていた。江戸時代にくわしい作家池波正太郎は「金を持っているやつでなきゃいけないわけだ。それだけ手間をかけたんだろうけど、バカ高かったらしいね。そこへ行くことが、ひとつの見栄なんじゃないの」と語っている。

江戸の味

江戸前の料理の味は、味覚的にはかなり塩がきつかったと考えられる。化学調味料はなく、砂糖が貴重品の扱いを受けていた時代であったから四季の自然の産物、岩茸とか青海苔、嫁菜、ふきのとうなどを、その持ち味を生かして使っていたのだろう。八百善の献立に、いまの料亭料理をしのぐバラエティに富んだつけ合わせ、海、山、野のものの材料が並べられていることでも、それはうなずける。

しかも、江戸時代の料理人は、客の舌に合わせて庖丁の手加減をしていたという。幕末の天保六年に江戸へ出た小泉迂外は、『料理茶屋』（大正六年）の稿で、当時の料理人気質を次のように記している。

「昔の料理茶屋は大概客の入り来る路地に台所を添えて付けるような家の構造であるが、之は料理人が入り来る客を透見て庖丁の手加減をする用意から生じた……」といい、大名でも譜代と外様では、料理の嗜好が全くちがい、町人の御用達でも御用を務める向向で一切が異なるという工合だったと書く。だから「あそこの料理はうまい、庖丁が良いと評判されるのは、すべて此等の客の気心をすっかり呑み込んで庖丁を執らなければならないから、料理人の腐心は並大抵のことでは」なかったようだ。

小泉迂外は、これらの例から推して、「昔の料理茶屋が其商売に対して、いかに忠実で、又客に対していかに親切であったかが、略ぼ想像ができよう」と結論づけている。

万延元年（一八六〇）三月三日、水戸、薩摩浪士に桜田門外で殺された井伊直弼は、大川端の料理茶屋を幕政の密談の場所として、しきりと利用していた。うまい料理がたべられたことと、人目をしのんで謀議をこらし、あいびきの場にも使えたからだが、舟橋聖一は『花の生涯』の中で、「今宵は、松平加州と、柳橋の亀清楼で、密談の約束があるが、それよりはやゝ早目に駕籠を寄せ、大川の夕色を眺めて一献くみ、わが胸に棲む意馬心猿を追払わねばならぬと思った。」とつづり、「晩春、黄昏の隅田川は、はやくも、芸者をのせた屋形船が、二つ、三つと数えられるほどだ。」と、大川端の情景を描いている。

舟橋聖一の描く幕末の亀清楼は、四阿《あずまや》風の離れがあり、庭には大川から引き入れた水の流れがある大きな料亭である。

またこの土地が両国と指呼の間にあった関係で、本所回向院境内に相撲定場所を持つようになった幕末の人気力士たちが、豪勢な酒宴にやってきた。錦絵の一枚に、関取衆が亀清楼で遊ぶ酒宴の図が残されている。

天保の水野越前守の峻烈な御改革で、一時鳴りをひそめた高級料理茶屋が息を吹きかえすのは、明治に入ってからだった。維新の功労者たちが新しい政府の指導者となり、新橋、赤坂、柳橋などでしきりと遊んだため、宴会を主とする大構えの料理茶屋は、にわかに勢いを盛り返していった。

八百善、平清はいぜんとして斯界の王座を占めていた。浜町の常盤屋、赤坂の三河屋、向両国の中村楼、亀清、柳光亭、深川亭、新橋烏森の湖月、竹川町の花月、神田明神の開花楼、連雀町の金清楼、柳島の橋本、向島の八百松、浅草の一直、草津亭などが、明治期の料理茶屋を代表とするものであったと、宮川曼魚は記録している。

晩年〝聖人〟のような生活を送った乃木希典が、紅燈の巷に放蕩したのは、料理茶屋が再興する明治十年前後からだった。乃木が利用したのは、両国、柳橋、新橋などだったが、克明に記された日記によると、柳橋の亀清楼をとくに好んだもののようである。

明治十一年十月十三日には、「夜亀清ニ帰ル」と、新婚一ヵ月の余の身で外泊したこと、ついで十月二十六日には「午後、平賀ヲ訪ヒ小酌。石川、滋野ト亀清ニ入ル、常、亀来リ侍ス。独リ笠井ニ一泊、亀ヲ伴フ」と、簡潔な文体で、芸妓と同衾した模様を、赤裸につづっている。その頃、柳橋の芸者は府内の第一だったと『江戸の夕栄』の鹿島万兵衛は記している。つづいて柳橋の芸妓の数は、九十四、五名、雛妓《おしゃく》三十名と、その芸者名をすべてあげているが、乃木の一夜の歓をつくしたかめ吉、つね、梅吉などといった名前も散見できる。

彼女らは「それぞれが何か一芸に達してゐるは勿論、中には遊芸一と通り茶道・立花・俳諧・狂歌等の心得ありしもの珍しからず。芸妓として客の取扱ひ、祝儀、不祝儀の大一坐の配膳・始末・料理の取り分け（当時は祝儀の時などは大皿・硯蓋などに高砂・富士・羽衣その他意匠をこらせしむき物に料理を配す）老妓や姉さん株のもの小皿に取り分けて配膳に添ふる等の役目ある。」と、鹿島萬兵衛は、明治以前に育った芸妓を賞賛していた。

しかし、一通りの芸と教養を身につけた芸妓に「維新の始め、時を得たる縉紳貴顕《しんしんきけん》の士が柳橋の名妓数名を根曳きして手生の花となせしゆゑ同時に目ぼしき者を失い、同時に新橋の芸者屋は申し会わせたるがごとく早くより時勢の変化に気付き即売主義お手軽専一に勉強せるがゆゑ、地方より出京の顕官連はもとより芸の如何は顧みるところならず、故に芸妓として客に接する、風一変せるもやむを得ぬ次第なり。」と新時代における即席芸妓の質的低下を指摘、「今日の芸妓を一口に評すれば、芸妓は客を遊ばせることを知らず、客もまた芸妓を招きて遊ぶことを知らぬ、と言ふを当れると思う。」と慨嘆しているのである。（以下略）

（1981年発行第3号）

海外へ舌をのばす

連載はさいわいにして好評だったことから、藤森編集長は私と同伴で、キムチの本場・韓国、中華料理の神髄を伝える台湾へ、現地取材に行くようになった。食べることには目がない餓鬼に、もとより異論があろうはずはなかった。韓国、台湾にはすでに何度か行っていて、現地に多少の知り合いもあったことから、カメラマンも同道で三泊四日のグルメ旅行を試み、六頁のカラー特集に解説を書くことになった。

本場で検証をする料理の手順、舌の感覚は、日本で味わうものとは、一味も二味も違っていた。

なにしろ、挨拶に「飯吃了嗎《ファンツラマ》」――「もう食事はすみましたか?」と言う中国人の本場料理。「煮る」に相当する言葉だけで、燉《トン》・烹《ペン》・熱《ルオ》・燜《メン》・燗《カン》・煨《ウエイ》と、煮る方法によって異なる文字がひしめいている。

「満漢全席」なる満州と漢民族料理の粋をあつめた、該博にして精妙、微繊、酸苦甘辛鹹が混然として織りなす文字の国は、少量の油で炒める料理が煎《チエン》、煎よりやや油が多く短時間ですませるのが炒《チャオ》。揚げるのが炸《ツァ》。沸騰した油の中をさっとくぐらせるが爆《パオ》、材料を包んで揚げるのが炮《パオ》。さらに油の量や煮方によって、燜《メン》とか焼《シャオ》・烤《カオ》・烩《フイ》などの語彙《ごい》が氾濫しているとと説明されていた。ところが調理をする道具はいたって単純で、重さの異なる同形の庖丁、厚いまな板、中華鍋、セイロ、菜箸、しゃくし、へら程度の文字通りの七つ道具がある程度。その上で、手早く、見事に仕上がったご馳走には、絢爛な料理名が付けられて、テーブルにいっぱい並べられるのである。

これらの料理に眩惑され、追いつめられた私は、アンバサダーホテルの料理長が整えてくれた中国料理の見栄え、味の神髄に対し、またキムチの国・韓国の多彩多様なキムチについて、次のように紹介するのが精一杯だった。

中国料理の深遠さ

中国料理の種類の多様にして深遠。蒸、煮、炸……と千変万化の火加減によって生み出される見事な滋味のバリエーションと、酸苦甘辛鹹の五味が織りなす至味のハーモニーを味うためには、三、四十年のキャリアを持つ厨主が采配をふるう高級中国料理店で食べてみなければならない。加えて、広東、四川、北京と広大な中国大陸の地方色が独自の生んだ料理を味わってみる必要がある。

広東料理と四川料理は、国賓大飯店で特別献立を作っていただいた。厨房生活四十年という厨主傅敏超氏が、腕によりをかけて献立た広東料理は、メインディッシュの「孔《コン》

「孔雀大拼《チャオターピン》」を中心に「雀巣乳鴿《チエーツアオズーウー》」「龍蝦球《ローンシャチヨ》」「清蒸鱸魚《チエンセエンルーイ》」の四品だった。

「孔雀大拼」は、チーフと副厨主鄭文灶が二時間をかけて盛りつけたという力作。孔雀が尾羽をいっぱいに広げた恰好を、見事な料理の材料でかたどったもの。中国料理のなかで、いちばん材料の多い土地、広東に発達した広東料理は、豊富で新鮮な海の幸、山の幸をおしげなく使い、〝食在広東〟の栄誉をはずかしめない。味は、日本の関西料理に相当した薄味である。

その日しつらえられた広東料理は、味に勝負をしてきた今までの料理に、西洋料理の見る要素を加味して作られた一連の品であった。愽厨主は、その理由を、

「料理は、出されたとたん、眼でおいしいと感じるものです。私たちは味は当然として、見ておいしそうな……という感覚を大切にしていきたい」

と、説明する。

目で賞味し、その香気に鼻を撲たれ、噛むリズムに酔い、舌にじんわりと広がる百味の繚乱に〝口福〟のきわみを味わってこそ、はじめてうまい料理を食べたということになるのだろう。目で充分楽しんだ四品の大皿は、愽氏らと賞味したが、完成された形を崩すのをしばし躊躇したほどだった。味は軽くいくら食べても腹にこたえない感じで、「雀巣乳鴿」など、子鳩が巣にこもったそのままの姿だったが、一口食べると、その香しい味に、油で揚げた巣まで胃袋におさめねばやまぬうまさだった。

さて、中国料理では、料理人が客人の口に届くまでに、厨主以下厨夫が渾身の努力を

惜しまない。その裏づけに、滅多に覗けない厨房を見せていただく。高熱をあげ、轟々と火を吹く竈《かまど》、蒸籠から立ちのぼる蒸気に霞んだ厨房には、二十数人の厨夫が、その持ち場に従って、こまめに立ち働いている。肉、魚、鳥、野菜を切り、剉《きざ》み、搗き、油で炒め、炸げ、蒸籠で蒸し、寸刻みの休みもなく動き回る情景には、料理場というより戦場のような臨場感があった。一人前の厨夫になるのには十年はかかるというその厨房で、かけ出しは骨付きの肉の屠割、野菜の剉みばかりを一、二年は修業するという。一本の庖丁で、切《チエ》、斬《ヅアス》、劈《ビィ》、批《ピィ》と切り分け、さらに、片《ビエス》（薄切り）糸《スー》（細切り）篠《ティヤオ》（拍子切り）塊《クアイ》（角切り）そして、目にも美しい美化刀法《メイホワタオファ》（花切り）で、胡蝶形にも、鳳尾形、大輪の花形にも自由自在に切り剉めるようになるには、年余の修練が必要である。

国賓大飯店の四川料理では、四〇年の経験を持つ厨主周勝年氏が、二十五人の厨夫を督励して献立た「梅花大拼《メイフォアターピン》」「四味胡蝶蝦《スーウエイフーテエシャー》」「炸双味《ツアスウンウエ》」「宮保花枝《コンパオホアーツー》」を賞味した。

山深い四川料理は、総体的に辛鹹で海鮮類は、干物でも水でもどし使うことが多い。品数は、広東料理に較べて少ないとも言うが、川菜には、冷菜25種、海鮮類16種、魚蝦類26種、鶏鴨類16種、熱炒類31種、焼蒸類15種、砂鍋類6種、軟炸類10種、鍋巴類10種、蔬菜類29種、湯菜類30種と、総計２１４種が、献立られる料理として記されていた。

広東料理の粤菜《メニュー》には２５０種が記されていたが、厨主の愽氏は「何種類の料理ができるかと聞かれても、材料がなければ何も出来ない。材料さえあれば、一つで十種類は作れるだろう」と言い、おいしい料理の要締を「材料、火、設備、厨夫の協力」と語っていた。国賓大飯店の総経理の張揚聲氏は、博厨主の言葉をついでさらに「慢心しないことですね。彼らには厨夫気質があり、おだてたり、すかしたりして、常に刺激をしていないと腕前がおちてきます」と、巧みな日本語で補足してくれた。

ここでは厨主が客席をゆっくり歩いて客人の料理への反応を見、注文があった時に即座に好みの味にチェンジするという。

北京料理は、台北駅の近くの曾賓楼で「北京烤鴨子《カオヤーズ》」をメインに「糟溜黄魚片」「炒肉糸哲皮」「爆花枝」「葱焼海参」「川丸子湯」などを味わってみた。海参《なまこ》に葱と醤油を加えて油でいためた「葱焼海参」が百八十元と高いのは、乾海参を水でもどすのに二、三日かかる手間ヒマの値段という。

「北京烤鴨子」は、家鴨一羽分を棗の枝で炙り焼きにし、焼き上がったところで客に見せる。次に、琥珀色にパリッと焼き上がった皮を肉からそぎとり、その皮を小麦粉で作ったクレープに、細切りの葱、甘味噌を添えて巻いて食べる。曾賓楼では、わずか四百五十元の値段であるが、数人でないと食べきれない量である。但し、熱いうちに手早く食べないと味は半減する。北京料理の味は、広東と四川の中間。ニンニクが多用されているが、癖の少ない味だった。

日常の挨拶に「飯吃了嗎?」――もうご飯をおすみですか?　という中国の人々。食べものに対する執念、関心、エネルギーが生んだこの国の料理には、日本人を圧倒する質量、玄妙な味の繚乱が感じられた。

キムチは生活の知恵の結集

韓国の十一月は、「キムジャン」といわれる。長く厳しい冬にそなえて、国民はいっせいに、キムチ漬けにとりかかる季節なのだ。

この時期には、会社や官庁では「キムジャンボーナス」が支給される。そして市場には、白菜、大根、ねぎ、きゅうり、キャベツ、いか、昆布、にんにく、唐がらし、しょうが、にら、塩など――キムチの材料が山のように積みあげられる。

唐がらしの鮮烈な赤。きゅうりや青菜の緑。大根、白菜の白……店頭には自然の色彩と豊饒さが氾濫する。日本の漬けものが、塩とヌカミソ、味噌程度の淡白な味付けで、箸休め程度の添えものでしかないのに対し、韓国のキムチは、寒くて長い冬に耐えるスタミナ維持のための保存食となる。

それだけに、キムチには韓国人の生活の知恵が結集されている。「朝鮮王朝宮中飲食」という名称で、重要無形文化財38号に指定されている黄慧性女史は、キムチの特徴を、次のように説明する。

①洗わないで食べられるようになっていて、発酵作用による複雑なうまみが出ている。②豊富な薬味を完全に入れて味付けする。③唐がらしやにんにく、塩辛類を必ず入れる。キムチ独特の辛みとうま味は、薬味や塩辛が織りなす発酵作用によって、アミノ酸、ビタミン、乳酸が発生し、そこから醸し出されてくるわけである。

その種類は八十種から百種にも上る。ツユごと飲めるムルキムチ。大根、せり、芥子菜、ねぎやにんにくなどのみじん切り、唐がらし、塩辛などを白菜の間にはさんで熟成させるトンキムチ。同じ材料を白菜の葉でつつみ込むポッサムキムチ等が代表的なもの、と黄慧性女史はいう。

また、漬け方によって、淡泊な味を出すトンチミは、大根を塩水に漬けて熟成させるキムチであるし、醤油で漬けるチャンキムチは、濃厚な味を出すキムチである。

韓国の食生活に、キムチの占める位置はきわめて高く、キムチを漬けるカメの数でその家の貧富が占われたとか。キムチの味つけのよし悪しが、主婦の料理の評価につながるともいわれる。金のない人は、御飯とキムチだけで、三度の食事をすませる例も見られる。栄養の豊富なキムチを食べているかぎり、栄養が偏ることはない。

薬味と塩辛が味のきめ手

韓国のキムチの特色は、薬味と塩辛を豊富に使うことである。薬味はキムチの風味を高め、塩辛は発酵して栄養価と、複雑なうまみを導き出す。

市場を訪れると、おびただしい調味料、魚介類の塩辛、唐がらし、せり、にんにくといった薬味に目を奪われる。

黄慧性女史によると、韓国料理の調味料としては、しょうゆ、ごま油、すりごま、こしょう、砂糖、唐がらし、ねぎ及びにんにく、生姜塩辛、味噌類が主なものであり、香辛料としては、桂皮、芥子、さんしょうの実がひろく使われているという。

しょうゆは、大豆が主材料で、味噌は大豆とこうじを主材料にして仕込み味噌（テンジャン）とマクチャンに区別される。韓国料理に必須のコチュジャンは、大豆と米粉を蒸かしてこれを丸めてこうじを造り、乾かした後、これにもち米で作った餅と唐がらし粉を混ぜ合わせて塩味をつける。

コチュジャンには、味噌のもつ塩味、うまみ、あま味、にが味、酸味のほかに辛味が加わり、韓国独特のひと味ちがった味を出す傑作調味料といわれる。

キムチに不可欠な調味料となる塩辛は、塩味とアミノ酸のうまみがミックスされて、漬物に加えられたとき、キムチの酸味、塩味、辛味に動物性のうまみが導きだされる。

この辛味と動物性のうまみは、日本の漬物には味えないもので、韓国の風土と民族の知恵が育てた〝珍味〟といえるだろう。

冬の保存食として漬け込まれるキムチには、このほか、松の実、カキ貝、牛肉、昆布、アワビなども加えられ、冬の健康維持に大切なビタミン類、タンパク質、乳酸、カルシウムが摂取できる仕組みになっている。黄女史が、韓国のキムチの特色として、漬けたものを洗わなくても食べられる、使った水（ムル）をそのまますることが出来る点を強調しているが、漬けたムルの中には、ビタミン類や、カルシウム、タンパク質といった、冬期に不足がちの栄養素が、渾然として含まれているのである。

韓国民族のもつ強靭さ、ねばり強さといった特性が、キムチやコチュジャンといった複合調味料からもたらされている面も、決して少なくないはず……。市場にあふれる種類ゆたかな薬味、調味料は、韓国の人々のキムチに寄せる愛着の深さをあらわしているようだ。

キムチの饗宴

韓国の風物詩に「キムジャン」と呼ばれる漬けもののシーズンがある。同族意識の強いこの国では、家族の多い本家のキムジャンには、親せき縁者までがかり出されて、山と積まれた白菜を洗い、干し、漬け込む。その日々は、戦場のような風景を現出させる。

八十種類から百種もあるキムチの中で「キムジャンキムチ」は、白菜と大根を主材に漬け込まれる。長い越冬にそなえた漬け込みであるから、春までもたすカメは塩を強く、長持ちするようにつくられる。

日本人にも馴染み深い白菜キムチ（ベチュキムチ）、大根を四角に切って漬け込むカクトキなどが、「キムジャンキムチ」の主材というわけである。しかし、本場での漬け込みをみてみると、薬味も調味料も、実に豊富に使われていることがわかる。

たとえば、「白菜キムチ」を例にとると、5キロの白菜を漬け込むのに、1キロの大根と5本のねぎ、にんにく1個、しょうが5個、カキ2分の1カップ、せり１００グラム、からし菜１５０グラムが材料として使われた上に、調味料として、塩2カップ、唐がらしの粉、2分の1カップ。糸とうがらし、少々。小えびの塩辛2分の1カップが用いられているのである。

その作り方を黄女史は、次のように説明する。

①白菜は四つ割りにして約10カップの水に塩2分の1の塩水につけて、12時間くらいおき、しんなりしてきたら、水で何回も洗って水気を切っておく。

②大根とねぎはせん切りにし、にんにくとしょうがは細かくみじん切りにする。小えびの塩辛は細かくたたいておく。

③せりとからし菜は長さ4センチくらいに切っておく。

④大根のせん切りに唐がらし粉をまぶして、約20分くらいおくと色が染まるのでその上に②の塩辛、ねぎ、しょうが、にんにくのみじん切りと③を入れ塩を加えながら味をつける。

⑤カキは薄い塩水で洗い④にまぜる。

⑥できた具を白菜の葉の間々にはさみ込み、散らばらないようにまとめてカメに白菜をぎっしりつめながら、間に大根の大切りを入れて塩をふり込む。

⑦カメの八分目までぎっしり入れ、一番上には白菜の上葉を沢山おいて、おとし蓋をし、押しをする。そして、白菜がつかるように塩水を入れ足す。

もっともポピュラーなこの「白菜キムチ」でおわかりのように、韓国の人がキムチの漬け込みに費やす、材料と労力は大変なものである。

ところで、これほど入念に仕上げたキムチが、韓国の料理店ではサービスとして出され、いくらお代わりをしても決して代金は請求しないシキタリとなっている。料理には必ず二種類ほどのキムチがつくものだというのが〝キムチのふるさと〟の常識となっているからである。

キムチこそ、韓国の食生活の原点であり、永遠の伴侶といえよう。

（1981年発行第3及び5号）

『ものがたり北海道』と『動物と話せる男』

初心を持続

出版界の落ち穂拾いからはじまった放浪生活の足取りをたどると、傍目《はため》には著書を出すために、没我状態に陥《おちい》っていたような思いがある。

その起源は、三十年前にさかのぼる太平洋戦争末期にあった。当時、中等学校へ進んだばかりで、南信州は飯田市で古本屋漁りに熱中していた。

敗戦前夜、物資は極度に不足していて、古本類でも米や大豆を持っていき、物々交換で手に入れていた。ある日、場末の古本屋に入り伊那谷の伝説にまつわる本を手に入れた。著者は町出身の村澤武夫で、郷里に遺る古い言い伝えだった。一瞬、物資不足の今どき、どこの出版社でこんな本を出版しているのか奥付を見ると、地元の飯田市東野・山村書院と印されていて、発行者は山村正夫になっていた。

本は大都会の東京や大阪あたりで発行されるもの……と思っていた私に、大きな驚きだった。山深い地方の町で、投機性の強い出版などという仕事に、身上を賭ける人などはいないと、固く信じていたからである。

それが飯田市の山村書院で、町出身者の著書が堂々と出版されていて、巻末の出版リストを見ると、旺盛な活動をやっているようだ。

私はこの事実を知って、いつになるか知れないが、山村書院にお願いして、自著の一冊を出版できたら……の身の程にもない望みを抱いた。

後で知ることになるが、山村正夫は一年前の昭和十八年に三十六歳で急逝し、書院はすでに閉じられていた。

「山村書院で一冊の本を！」の渇望は、このような事情で夢に終わってしまったが、巡り合わせと言うのだろうか、出版界の落ち穂拾いになってから、児童出版で実績を誇る理論社の山村光司社長と知り合いになった。

話してみると、山村社長は飯田の出身で、山村正夫の血を継ぐ人であった。あまりに偶然の巡り逢いに感激し、物書きになったそもそもに山村書院があったことを告白すると、彼は、

「いいものをお書きないしょ。お出してやらず」

と、伊那谷の方言で、莞爾《かんじ》として言ってくれたのである。

「出してやらず」とは、否定の言葉ではなく伊那弁で、「出してあげましょう」の意味だった。懐かしい方言で表現してくれたところに、発言者の思いやりを感じた。

理論社と私の仕事場が近かったことから行き来するようになり、次第に浮かび上がってきた企画が、全十巻『ものがたり北海道』へのチャレンジだった。

同社に北海道総務部文書編集による『開拓につくした人びと』全八巻の労作があるとはいえ、物書きとなって日の浅い編集者崩れに、その底本を頼りに青少年向きの全十巻に書

き直す仕事は、並大抵ではないと考えられた。

固辞する私に、〝創作児童文学の父〟の尊敬を集めていた小宮山量平会長と、その膝下で良書づくりの薫陶を受けた山村社長は、何回も懇談の席を設けてくれ、時には酒を飲み交わしながら熱を込め、執筆をけしかけてくれた。

理論社には、Ａ５変型判・上製全二十二巻の『ビアンキ動物記』を筆頭に、全十巻もののたかしよいちの世界おもしろ発掘記『とおい昔の謎をとく』や、全九巻のイリインとセガールの、人はどのようにして人になったか『人間のあゆみ』、『灰谷健次郎子どもの詩』全八巻など、読み応えのあるシリーズが滔々《とうとう》たる流れを形づくっていた。

この流れに乗せ、「人と歴史の織りなす大河ストーリー」全十巻『ものがたり北海道』を始めようというのである。一巻が二百数十枚として、全十巻で二千数百枚になる仕事だ。急かされるままに、『開拓につくした人びと』を取り寄せ、読んでみることにした。同シリーズは町村金五知事時代の文化事業として完結していた。当然、官公庁刊行物の形態上、一般向きに書かれてはいなかったし、多くの執筆者が加わっているため、統一性を欠き、表現が生硬の上、ストーリー性に乏しい憾みがあった。

理論社が私に、『開拓につくした人びと』のストーリーテラーを頼んできたのは、官製本のその短所を補うためだったのだろう。

その証左は、小宮山会長の第十巻目の「あとがき」にあきらかであった。

「……何といっても官製であり、大へん多くの人びととの執筆による編集著作であるために、惜しむらくは真に北海道に潜在する『開拓者精神』とでもいうべき迫力の筋を一本通すことに欠けておりました。――幸いにして、折から出版評論家として、また秀でた伝記作家として、めきめき頭角をあらわしはじめた塩澤実信氏の快諾が得られ、本書は全く面目一新、新たな創作物として生まれ出ることとなりました。」

会長は非才に負いかねる賛辞を呈した上で「快諾」云々と書いているが、これは言葉の綾《あや》であって、押し切られたのが真相であった。

しかし、どんな状態、状況であれ、引き受けた以上は、なんとか格好をつけなくてはならない。私は北海道の歴史の大筋を時系列に書き出した上で、その流れの中に、次のようなプロットを立ててみたのである。

1『悲しみのコタン』――追いやられたアイヌ民族
2『新しい大地よ』――探検と冒険の時代
3『屯田兵のうた』――明治維新と北海道
4『青い眼の教師たち』――開拓につくした外国人
5『ユーカラの祭』――アイヌ文化の保護につくす
6『北の時計台』――札幌農学校にかけた夢
7『ふぶきの荒野』――海と原野をひらいた人びと
8『この豊かな恵みを』――新しい企業の発展

9『風雪の墓標』——先駆的な北の詩人たち
10『シマフクロウのゆくえ』——失われゆく大自然

底本が官製のストーリー性に欠けた記述に終始している故、各巻のタイトルに若者を引き付けるリリシズムのひびきを持つように心がけた。

スタートに当っては、「著者から読者へ」と、次のような呼びかけをこころみた。


十八歳で夭折したアイヌの天才少女・知里幸恵さんは、その昔の北海道を、「私たちの先祖の自由の天地であり」疑いを知らぬ無邪気な幼な児のように、この美しい大自然に抱擁されて、のんびりと楽しく生活をしていたと語っていました。

その春秋の生活ぶりを、幸恵さんは一編の詩のように謳っていました。

「冬の陸には林野をおおう深雪を蹴って、天地を凍らす寒気を物ともせず、山またやまをふみ越えて熊を狩り、夏の海には涼風泳ぐみどりの波、白い鷗の歌を友に木の葉の様な小舟を浮かべて、ひねもす魚を漁《すなど》り、花咲く春は軟らかな陽の光を浴びて、永久に囀《さえ》る小鳥と共に歌い暮らして蕗をとり、蓬《よもぎ》摘み、紅葉の秋は野分に穂揃うすすきをわけて、宵まで鮭をとる篝《かがり》も消え、谷間に友呼ぶ鹿の音を外に、円《まど》かな月に夢を結ぶ、嗚呼なんと楽しい生活でしょう」

この平和な夢のような生活が破れて急速な変転をなし、山野は村に、村は町とぬりかえられたのは、本州から日本人がおしかけ近代化を図ってからでした。

北海道は、一世紀あまりの間におどろくほどの変貌をとげますが、その渦中には民族の興亡をかけた戦いや、未開の地を拓こうとこころざすフロンティア・スピリットの持ち主の挑戦、新天地に夢をはぐくませようとする人々の活躍がありました。

『ものがたり北海道』は、えぞ地から北海道と変わり、今日までの百二、三十年間にこの大地に爪をたて、生のあかしを記した人々の流れを辿った大河ストーリーです。

一九八六年九月

大河の一滴となる書き出しには、あれこれ悩んだが、北海道の地図を眺めていて、この島の形が千島列島を尾にした、菱形の平たい鱏《えい》と言う魚に似ていることをヒントに、

「北海道はエイという魚が、日本海にむかって、ひらひらと泳いでゆくような格好をした島です」

と、冒頭に稚拙なオノマトペを使い、砕けた文体で書き下ろしにかかった。そして、知里幸恵の『アイヌ神謡集』の前文を引用し、アイヌ民族の時代であったえぞ地を語り、その先住民族の地が日本人に奪われ、近代化されていく流れを追って、今日に至るまでのエピソードを積みあげていった。

こうした心がまえと筆法で、全十巻に取り組んでみると、作為のない文が幸いして筆が走り、二年足らずで擱筆することができた。

製作を担当した小宮山会長は、擱筆の思いがけない早さに、「まったく驚きました。そして深い喜びを覚えました。まぎれもなく一人の書き手によって、これほどの連作物語が、一気に書き上げられたばかりか、あたかも月刊誌のように定期的に刊行され、ここに全10巻の完結を迎えたのです。その筆力の逞しさに脱帽すると同時に、このテーマがこの著者の創造力を導きだし得ためぐり合わせの妙に、深い感動を覚えずにはいられません」

と、書き手を巧みに乗せる老練なタッチで、大河シリーズ完了の労を、やさしくねぎらってくれた。

出版の落ち穂拾いには、一見、お門違いの仕事だったが、これが次の人間記録シリーズを嚮導《きょうどう》する結果につながった。

運命の一冊

理論社からの第二弾となる「ヒューマンドキュメント・シリーズ」は、思い入れの深い仕事となった。

明日に向かって生きる青少年に「大きな夢と光を与える人間録を刊行したい」の企画で、

山村社長はトップバッターに私を指名してきたのである。

二年がかりで『ものがたり北海道』全十巻を書き下ろし、第35回青少年読書感想文全道コンクールの指定図書に推される僥倖に浴したものの、さらに内容を深めたシリーズの一番打者の指名は荷が重すぎた。

それを、山村社長は太平洋戦争末期、戦場となった沖縄から、九州へ集団疎開した際の女性校長と生徒をめぐる実話。私と郷里を共にする素朴画家・原田泰治の画家に成るまでの実録のどちらかを書くよう慫慂したのである。

まず、沖縄へ飛んで元女性校長に会い取材にかかったが、娘からクレームがついたため中止となった。次に信州が手頃かと、理論社小宮山会長、山村社長と同道して、現地の岡谷へ取材に赴き、さらに原田泰治が少年期を過ごした飯田在の伊賀良地区へも足をのばし、十数時間にわたるテープも取った上で執筆に入ると、講談社から刊行中のシリーズに内容が抵触する怖れもある故、中止してくれとの嘆願が舞い込んできた。

取材もほぼ終わり、執筆に入ってからのこの処置には、承服しかねるものがあった。が、ひとまず、素朴画家の半生記はペンディングにすることにした。

第36回青少年読書感想文全国コンクールの中学校の部・課題図書に選ばれる『動物と話せる男——宮崎学のカメラ人生』に取り組むことになったのは、この挫折の後であった。

「終わりよければすべてよし」の諺を地で行く結果となる執筆で、動物カメラマン宮崎学が、伊那谷で野生動物を追い続けていると知って、心中に期するものがあった。

それは、ヒューマンドキュメントの主が、私と同じ伊那谷に生まれ育っていることから、自らの悪童時代の体験に重なる部分があるだろうの思いからだった。

それ故、伊那谷のたたずまいを、こんな程合《ほどあ》いからスタートすることにしたのである。

『ものがたり北海道』(右)と『動物と話せる男』(左)。

宮崎学の生まれた伊那谷は、山河が学校であり、野鳥や野生の動物がクラスメートのような環境にあった。野生動物が多かったのは、西側に中央アルプス、東に伊那谷山地、およびこれに平行して走る南アルプスがそびえ、その中間を諏訪湖に発して、遠く太平洋へとそそぐ天竜川が流れる大自然にめぐまれていたからだった。

谷は南北におよそ六十キロもあったが、屏風のようなけわしい崖に阻まれた東西は、四十キロだった。この谷間に、上伊那と下伊那の二つの郡がすっぽりとおさまり、天竜川の両岸沿いに、山地へむかって階段状に高くなっていくそれぞれの河岸段丘で、人々は農業を営んでいた。

(中略)

……伊那谷は、南アルプスの側から太陽がのぼり、中央アルプスのむこう側に日が沈むのだったが、朝日が赤石山脈の上に昇ると、竜西側の空木岳、桧尾岳、宝剣岳、中岳、駒ヶ岳につづく高い峯々が黄金色にそまって、ピラミッドの先端のような鋭い稜線をくっきりと浮かび上がらせるのだった。

その黄金色の光は、刻々と麓へ向かって端山から台地、里の村々へとかけおりてきて、またたく間に、伊那谷全体を金色に染めてしまうのだった。

夕方は、この逆の形でやってきた。陽が中央アルプスの彼方に沈んでいくと、群青色から黒色へと色合いを増す薄暮が、麓の谷から丘、端山へと、這い上っていって、西の谷を黒い夜のとばりに閉ざしてしまうのだった。だが、谷の東側の南アルプスの仙丈ヶ岳、北岳、塩見岳、赤石岳といった三千メートル級の高い山々は、鋭い稜線をあかね色にそめて、いつまでも暮れ残っていた。

南アルプスの麓に位置した、竜東の村々はもう薄墨色の夕闇に閉ざされているのに、山脈のいただきは、しばらくの間は夕陽の影を残している……。

学は、生まれてこのかた、朝夕にくり返されるこの壮大な光と影のおりなすページェントを眺め、知らぬ間に記憶の底へしっかり焼き付けてしまっていた。

後年、ポジティブとネガティブの写真の世界にかかわる人生となるが、生まれた時から、伊那谷のこの自然条件のなかに、どっぷりひたっていたことが、学にとって、どれだけの力になっていたかは計り知れなかった。

このように、私自身の少年期の見聞を重ねた感のあるヒューマン・ドキュメントは、宮崎学が幻の獣と呼ばれた天然記念物・日本カモシカの生態をとらえ、フクロウの夜間活動を追い、日本に棲む猛禽類のワシ・タカ・ハヤブサなどのすべてをレンズに収めて、動物カメラマンとしての地位を築くまでを描いて、次のような一文で筆を擱いた。

学は、小・中学生時代は、その野性味ゆたかな子どもだったために、落ちこぼれのレッテルをはられたが、教師からみてハミダシた部分が、今の自分を生かしているすばらしい財産であると思った。

「名前と顔が違うみたいに、人間の生き方は全部違うのだ。いまの学校教育のように、同じ型の同じ車に乗せて走らせていれば、同じような人間しか生まれて来ない。人は人、自分は自分なのだ。せっかく縁があってこの世に生まれてきた以上、自分の生き方は、自分で方法論を見つけていかなければならない」

八十年人生の折り返し点にようやく達したばかりで、宮崎学はすでにこのような牢固とした人生哲学を築き上げていた。

自分で自分の生き方をつくり出していくという人生は、どのような結果になっても、その責任は自分にあった。学は、苛酷な撮影を続けるなかで、「自分は畳の上で死ねないし、死なない！」といった覚悟も固めていた。

野生動物とつき合い、きびしい生存のための闘いぶりを、レンズを通して見つめていると、人間もまた動物にほかならず、動物である以上は、大自然の摂理からはのがれられないと観念するまでになっていた。生きものの世界は、必要がなくなったり、生命がつきたら、新しい生命の誕生のためにさらわれ、役立っていく。

宮崎学は、この輪廻転生《りんねてんせい》の人生観、自然観のなかでこれからの仕事をひろげていくべく、じっくりと新しいテーマの模索《もさく》に入った。

課題図書に推される

理論社で刊行された『動物と話せる男』は、朝日新聞、産経新聞、赤旗、公明新聞、女性のひろば、毎日新聞など続々と書評にとり上げられた。

毎月一回、児童文学作家・小沢正、科学読み物研究家・塚原博、図書館司書・土橋悦子、詩人・三木卓が選考委員として、合評会を開く朝日新聞の平成元年七月三日付「子ども本だな」には、「夏休みに入り、書店の児童書コーナーにも親子連れが目立つ。この時期、新刊の発行も多いようだが、『本の面白さを味わせてくれる新作が少ない』と選考委員の間から嘆く声が出ていた」の書き出しで、頭抜けた新作のないことを嘆いた上で、『ぴょうきのほん』(①②③　山田真/文、柳生弦一郎/絵、福音館書店)が会話体でやさしく書かれている評価。ついで翻訳ものの『ロシアの昔話』(内田莉莎子/編・訳、タチャーナ・マブロナ/画、福音館書店)『ビンのなかの手紙』(クラウス・コルドン/作、佑学社)、『どれい船にのって』(ポーラ・フォックス/作、ホウゴー政子/訳　福武書店)を紹介した後で、拙著について次のように述べていた。

　日本のものでは、「動物の生態写真を撮り続けるカメラマン、宮崎学さんの半生を描いた。『動物と話せる男』(塩沢《ママ》実信/文、北島新平/絵、理論社)」が、話題になった。勉強は苦手な少年が、ひとつのことに打ち込んでいくことで、職業、人生を切り開いていく過程が、丹念に書かれている。「よく事実を調べ、きちんとまとめ上げられた作品」として支持された。ただし、写真家の伝記なのに、その写真がほとんど出ていなかったことは、不満が出た。

朝日新聞の「子どものほん」の選考委員が、事実をよく調べて、きちんとまとめ上げた作品を支持する一方で、写真家の伝記なのにその写真を、ほとんど出していないことに不満を持たれたのは当然だった。

肝心の宮崎学の撮影写真として、掲載されたのは、初期の頃のムササビとカモシカの二枚と、表紙カバー裏に用いられた「伊那谷遠望」の一枚に過ぎなかったのだ。

しかし、この本は児童図書関係では〝神風〟と羨望されていた、全国学校図書館協議会、毎日新聞社主催の「第36回青少年読書感想文全国コンクール　課題図書」中学校の部に選ばれ、平成元年六月初版、翌年七月までに十一刷を重ねるベストセラーになったのである。

望外なよろこびとなった結果に導いてくれたのは、山村光司その人だった。

私自身も二十年余の編集体験を持っていた。編集という仕事は、書き手を発見し、育て、その生み出したものを、活字や映像などの媒体を通じて、無機質な白紙やフィルムの上に、有機質な世界を現出させるクリエーターの一面を担っているといえた。

つまり、編集者の考え、エモーション、志などが刊行される一冊一冊の本や雑誌に投射され、読者に鋭く感応されて、結果が跳ね返ってくれるわけだった。

山村光司は、編集者の落ちこぼれ、五十代男を鼓舞することで、生の原点を共にする動物カメラマンの記録を書きあげさせて、青少年読書感想文全国コンクール、及び長野県の指定課題図書にまで、推し上げてくれたのである。

児童書関係者から〝神風〟とまで羨望されている指定図書には、拙著など鎧袖一触のはずであろう。それが、刊行元が児童文学の賞を、最も多く受賞している理論社だった実績の追風と、選考者の恣意も手伝って、推されたのではないのか。

大きなよろこびの中で、私にはそう考えられた。

郷土出版社との縁

こと出版に関しては、長野県は日本で最先端のイメージがあった。古今東西の古典、岩波文庫を創刊の岩波茂雄、文学全集の筑摩書房を〝運命相互体〟で築いた古田晁と臼井吉見、良書出版に賭けたみすず書房の小尾俊人、児童書理論社の小宮山量平と山村光司……。出版史の匠の身辺を調べると、創業者や経営を担った者、優れた編集者に信州人が多く、当然、出版界の辺縁に生きる著者の顔ぶれにも、この地方の出身者は多かった。

また、県内で出版社を営む起業家も、東京、大阪、京都など、大都市を退けば殷賑《いんしん》をきわめた時代があった。

戦後、県下で三十余年にわたり、松本市を拠点に瞠目すべき出版活動をしたのが、高橋将人に率いられた郷土出版社だった。

この社は、『長野県文学全集』全三十七巻、『長野県美術全集』全十二巻、『長野県歴史人物大事典』『長野県歴史大年表』など、郷土文化に関わる豪華・浩瀚な書籍、写真集、各種シリーズ、読物などを千数百点刊行し、一時は日本における地方出版の最右翼を占めていた。

その出版社の高橋オーナーが、『長野県文学全集』の編集委員の候補の一人に私を挙げ、声をかけてきたのは、昭和五十年代半ばであった。

全集の骨子を見ると、明治から現代までに日本で発表された文芸作品の中から、信州をおもな舞台やテーマにした百十一編の小説、四百六十七編の随筆・紀行・日記、および詩・短歌・俳句・川柳・連句を収録した県版文学全集となっていた。

収録作家の顔ぶれは、信州出身の島崎藤村、平林たい子、新田次郎、臼井吉見、椋鳩十らは当然として、芥川龍之介、室生犀星、堀辰雄、佐藤春夫、正宗白鳥、北杜夫、水上勉、髙田宏ら、信州にゆかりの深い作家の作品も漏れなく集成され、それもよく知られた作品よりも、時代の波に埋もれて入手しがたい希少な作品が優先されていた。

オーナーの説明によると、十数年前から準備にかかり、県下の図書館に収蔵されている膨大な文学作品から、厳選しているとの説明だった。刊行準備の段階から、編集の相談にのっていた井出孫六、久保田正文、東栄蔵、宮脇昌三、矢羽勝幸、藤岡筑邨《ちくそん》など、県下に知られた文化人の末席に、私を加えようとしたのは、出版界の落ち穂拾いとしての多少の実績を評価した故と考えられた。

出版県の名を冠した文学全集の編集委員の一人に加わるなど、夢ゆめ考えていなかっただけに、恐縮し固辞したが、二十代半ば徒手空拳、ひたむきな熱意一筋で郷土出版社を立ち上げた高橋オーナーは、非才の辞退、遁辞の弁は受け入れてくれなかった。

郷土出版社からは、資料性の高い歴史シリーズ、事典、読物の贈与を受けていて、新年会や創立記念日などには講演に招かれ、心からの歓待をされていた。

それだけに辞退しきれず、結局は末席を汚すことになり、三期にわたった全集の各巻、扉の裏に並んだ編集委員の面映ゆい一人になった。

委員の顔ぶれは、次の通りだった。

荒井武美（佐久文化会議事務局長）、井出孫六（作家）、久保田正文（文芸評論家）、腰原哲郎（県立木曽高等学校教頭）、塩澤実信（出版評論家）、立沢節朗（元旺文社常務取締役）、中山和子（明治大学教授）、東栄蔵（長野県国語国文学会会長）、平野勝重（上田市立博物館長）、藤岡筑邨（俳人）、丸岡秀子（評論家）、宮脇昌三（駒ヶ根総合文化センター名誉所長）、山室静（作家）、山本茂實（作家）。

〝出版県〟栄光のあかし

『長野県文学全集』編集委員を引き受けた以上、全巻を通読。第一期小説編が完了後、刊行記念座談会が催され、「長野県の風土と文学を語る」――その名作の舞台と作家のエピソードがまとめられたときには、当然、出席した。
第二期　随筆・紀行・日記編、全十巻には、六巻の解説と別冊「信州ゆかりの名随筆、名紀行、そして赤裸な日記の魅力を探る」にも寄稿。

第三期　現代作家編、全十巻は六巻の解説と、第九巻の現代作家。随筆・紀行編には、『大田蜀山人』杉浦明平、『森の宿』阿川弘之、『木曽路』東山魁夷、『キカヤ工女の生と死』林郁、『信濃の六年』土屋文明、『風と影の時間に』加島祥造、『わが故郷』本多勝一、『戦中派不戦日記』山田風太郎、『ひとつの里程標として』高史明、『程野』宮脇俊三、『新野の盆歌』佐々木基一、『信州への旅』黒井千次など二十七編のエッセイ、紀行文の中に、出自の地、飯田が舞台の拙著『りんご並木の街・飯田』が収録された。完結後別冊の「信州に息づく文学の山脈――編集委員のひと口エッセイ集」にも、拙稿を寄せた。

ご参考までに、第一期完了後の編集委員による座談会の触りと、二期、三期が終った後の別冊に寄せた拙稿を、お読みいただければ幸甚である。

さらに、郷土出版社創立25年を記念し、『私たちの全仕事』を刊行した折り、B判変型豪華本七百頁に、四半世紀間に出版した書籍の総目録編、寄稿・エッセイ編、創業者・高橋将人社長の力のこもった「創業25周年の感慨」、社員スタッフたちの回想「私のあのとき」、資料編が集成された。

B判ワイド変型の重厚な豪華版だったが、私も三十九名の寄稿者の一人として、「遺しておくべき本」の拙稿を寄せた。夢にも思わなかった文学全集の編集委員に推された感激を、どのように表現したのかを、『長野県文学全集』全巻の写真とともに収録させていただく。

出席者の横顔

編集部　本日は、小社から発刊される『長野県文学全集（全30巻）』の記念座談会ということで、作品の選定・編纂等で長い間ご苦労をいただきました編集委員の先生方にお集まり願ったわけです。先生方はいずれも信州在住、あるいは信州出身の方々ですが、久しぶりに信州を訪れた方もいらっしゃると思いますので、自己紹介も兼ねてお話を始めていただければと思うのですが……。

久保田　私は飯田の出身なんですが、もう飯田には墓場しかなくて、一年に一度帰ったり帰らなかったり。

藤岡　私も現在東京の江戸川住んでいるのですが、名前が二つあって、ひとつは筑邨という俳句関係の号で、「りんどう」という俳句誌を主宰し、信濃毎日新聞の俳句欄の選者をつとめています。もうひとつは創作の面で、これは改造と名のり、五十七年まで松本深志高校で三十年間教師をつとめていましたが、今では東京に居を移しております。

宮脇　私は生まれは駒ヶ根市の中沢という所で、長い間教師をして諏訪、松本、上田と歩き、最後には佐久の野沢北高校の校長をやり、その後、亜細亜大学の教養部長などもつとめ、一昨年から郷里に帰り、駒ヶ根総合文化センターの所長をしています。

腰原　わたしはもともとこの松本出身ですが、教師をしている関係で、今年四月から木曽谷に赴任し、山の上に住んでいます。

荒井　私は宮脇先生がおられた野沢北高校の出身で、山室静先生の教えを受けて文学の勉強をしてまいりました。そんな関係から、現在、佐久にある佐久文化会議という市民の有志からなる団体の事務局をおおせつかっております。

平野　私は上田市に住んでおります。約二十年ほど図書館につとめ、その活動の中で地元の文学を学ぶ市民の皆さんと長く勉強してまいりました。現在は上田市立博物館の館長をしております。

塩澤　私はいま主として出版関係の本を書いているのですが、出身は久保田先生と同様の飯田市です。東京には信州出身の出版人が非常に多くて、以前に『出版王国の戦士たち』（彩流社）という本で六十数名の出版人の活躍ぶりをまとめたこともあります。

この文学全集についても前々から相談を受けたりしていたのですが、とにかく大企画ですので、出版社の業績としても注目し、成功することを願っているものです。

井出　私は佐久の臼田町の出身で、中学・高校は野沢でして、高橋さんは後輩、荒井さんは同期という間柄です。

私も最初この企画の話で相談を受けた時は、はたして実現するのだろうかと思っておりましたが、ここまでくると完成したも同然で、あとは私の解説だけということで（笑）、本当に喜んでおります。

東　はからずも本席の司会を担当させていただくことになりました。

私は若い頃には信濃毎日新聞の文化部記者をしておりましたが、やがて自分はジャーナリストには不向きであることがわかり、高校の教師になりました。変わり者の私が高校長になれたのは、信州の教育界に島木赤彦などの伝統がまだ残っていたためでしょうか。

本席にお集まりの皆様とはそれぞれご縁があります。さきほどお話に出ました佐久文化会議（山室静議長）では久保田先生、荒井さんらと選考委員をつとめ、はからずも第一回佐久文化賞をいただいたりしました。また平野さんとは県ＰＴＡ母親文庫読書会の活動を通じて、宮脇先生、藤岡さん、腰原さんとは、高校教師時代の文学研究仲間、あるいは先輩同僚として親しくおつきあいさせていただいています。また塩澤さんのユニークな出版評論にも教唆《きょうさ》されています。

日本の出版界をリードした先輩たち

東　各巻ごとの特質をさまざまに述べていただき、より一層、本全集の特徴や正確が明確にされたと思います。では、次に、これら才能のある作家たちを発掘し、日本の出版文化に多大な貢献をした信州出身の出版人について、塩澤さんにお話しいただきたいと思います。

塩澤　信州出身者で出版界に活躍している人は非常に多いのですが、まず、岩波書店創業者の岩波茂雄、その婿で戦後、会長になった小林勇。それから、筑摩書房創業者の古田晁と、その協力者臼井吉見の諸氏をあげたいと思います。

岩波氏は〝文化の配達夫〟として、出版文化のために尽くされました。夏目漱石に可愛がられ、その縁で漱石山脈につながる一流文化人の知遇をえて執筆陣に加え、良書を普及しました。小林さんは、駒ヶ根出身で、少年社員として岩波書店に入り、幸田露伴等に信頼されて、創業者亡きあとの岩波文化を支えた人です。戦前の一時期、鉄塔書院を創立して独立したことがありますが、この社名は幸田露伴の命名でした。

筑摩の古田さんは、編集の権限を一切、松本中学時代からの親友・臼井吉見さんにまかせていました。太宰治が死の寸前、古田さんを訪ねて留守で会えないまま、玉川上水で入水心中した事実があり、最後まで頼りにしていた出版人でした。臼井さんは、雑誌『展望』で戦後文学のはなを咲かせ、椎名麟三をはじめ、幾多の新人、戦後文学の傑作を世に送り出した名編集者でした。昭和二十年代の後半、行き詰まった筑摩書房を奇蹟的によみがえらせた『現代日本文学全集』全九十九巻は、臼井さんのほとんどワン・マン企画編集で誕生した大文学全集でした。総発行部数千三百万部の大ベストセラーになりました。

現在の出版界でも信州人がリーダー

東　まさにキラ星のごとく、個性ゆたかな出版人を輩出したわけですね。それでは、現在の出版界の状況はどうなのでしょう。

塩澤　現役で活躍している例では、まず上田出身の理論社創業者・小宮山量平さん、飯田出身の社長山村光司さんが師弟コンビで、例年、数々の出版文化賞に輝く質の高い児童文学出版つづけています。

灰谷健次郎の『兎の目』を世に出し、目下『灰谷健次郎の本』全二十四巻を刊行中です。信州出身の『椋鳩十の本』全二十五巻も、数年前に刊行しました。本づくりに心がこもって巧みなことでも有名です。

児童もの出版では、あかね書房の創業者岡本陸人さんも上水内郡の出身です。百巻にのぼる『科学アルバム』は、十七年間かけてこのほど完成し、海外でも高い評価をえています。

東　みすず書房も、その社名からみて信州出身ですね。

塩澤　ええそうです。諏訪出身の小尾俊人さんが采配をふるう、信州人的な、あまりに信州人的気質の出版社です。

信州人が多かったから、信州の枕言葉を社名にしたそうで、『ロマン・ロラン全集』や、菊池寛賞を受けた「現代史資料」四十五巻等日本の読書人にとって必要と考える書籍を、きびしく選択して出版しつづけています。

大ベストセラーで一躍名の知られた出版社として『愛と死をみつめて』の大和書房は、高遠出身の大和岩雄さんが創業者。『積み木くずし』の桐原書店は、長野市出身の山崎賢二さん。毎年のようにベストセラーを出している青春出版社の小澤和一さんは、松本市から出ています。また、昨年から今年にかけて、出版界の話題を独占した河出書房新社の『サラダ記念日』は、穂高出身の長田洋一さんの強い推挽で上梓され、歌集としては、空前の二百三十万部のベストセラーになりました。

他に、『知的生き方文庫』で話題となった三笠書房社長・押鐘冨士雄さんは中野市の出身。資料的価値の高い一等資料の復刻を手がける名著出版の中村安孝さんが箕輪町。ごま書房の福島茂喜さんは飯田市出身、学参ものの大手旺文社専務の稲吉富雄さんも同市出身。日本の出版の最大手、小学館の実力専務に岡谷出身の林四郎さんなどが活躍されていて、出版界で石を投げたら信州人に当たるほど、各社の主要部署で頑張っています。

東　長野県では活字文化に対する関心が高い、ということを示すときのひとつのエピソードとして、風呂焚きをしながらおばあさんが「中央公論」を読んでいた、という話が伝えられていますが、そういう特徴的な風土が多彩な人材を生んだと言えるのでしょうか。

塩澤　そのとおりですね。私は数年前、信毎に連載した「信州出版人この一冊」で『出版王国の戦士たち』をまとめましたが、出版人だけで一冊の本ができるのは、東京都以外では信州だけだろうと言われました。信州の人は、それだけ出版や活字文化への関心が高いのだろうと解釈しております。

郷土出版社の『長野県文学全集』も、信州のこの高い知的温度があって始めて可能になったものだと思います。末尾になって恐縮ですが郷土出版社の高橋将人さんの活躍ぶりも、出版文化を支える信州出身の出版人の一人に、是非加えなければと思います。ご本人は照れていらっしゃいますが、この部分は、絶対カットしないでおいて下さい（笑）。

〈昭和六十三年五月二十二日　松本・桃仙園にて〉

文化統制下の出版界

第六巻に収録されている作品は、昭和十年から二十年にかけてのほぼ十年間に発表されている。

昭和史をひもとくと、この期間は無謀な戦いの明け暮れであり、日本は急勾配の坂を転がり落ちる勢いで、破局の渕へとつっ走っていた。

不急不要と思われる小説、評論、随筆のたぐいは、軍刀を腰に目を逆《さか》づらせて闊歩《かっぽ》する軍人どもの、まっ先の淘汰《とうた》の対象であった。

「友邦」ナチス・ドイツが企てた非ドイツ的な本の焼き払い、〝焚書《ふんしょ》事件〟にまでは至らなかったが、天皇制を批判する本や、マルクス主義、自由主義の匂いのする内容のものは、片っぱしから発禁に追い込んでいった。

昭和十三年に日中戦争に従軍したあとで書いた『生きてゐる兵隊』で発禁処分をうけ、特高に家宅捜索を受けた石川達三は、思想的に左がかった本のすべてを持ち去られた。

「その中に、スタンダールの『赤と黒』も入っていてね。教養のない彼らは、赤という文字さえ危険だと思ったんだろうねぇ」

戦後になって、石川自身の筆者への述懐だった。

フランス文学傑作『赤と黒』でさえ没収していった権力者側は、その一方で、日本国民すべてを〝天皇の赤子〟と決め、醜《しこ》の御楯《みたて》になることを強要していた。

軍部が雑誌や書籍に望んだのは、〝精神的な弾薬〟の役割だった。日中戦争がたけなわなった頃、彼らは欧州大戦下でドイツ政府が国民に向かって、「軍用書籍雑誌資金」を募集した折の、次のような趣意書を紹介したものだった。

「雑誌、書籍は戦友である。雑誌、書籍はわが陸海軍将兵の精神力を意味する。塹壕《ざんごう》に、艦艇に、単に慰安として役立つだけではなく、実に戦場と故郷をつなぐ橋となり、将兵の心に祖国の心を渡してやるものである。その種類の物語なると修養書なると、その内容の軽快なると重硬なるとを問わず、雑誌、書籍は心を悦《よろこ》ばしめ、悲痛を払い、塹壕の寂寥を陽気ならしめ、病院の陰鬱を晴れやかしめる。されば雑誌、書籍は精神力を強める武器である。而《しか》して勝利を決するものは精神力である」

言葉の上で出版物に〝精神弾薬〟を求めているうちは、まだ逃げ道もあった。が、太平洋戦争の始まる一年前に、文化統制をもくろむ内閣情報局が開設されるに及んで、新聞、出版関係者は色を失った。

彼らには、紙の配給をストップする権限があったからだ。紙がないことには、本も雑誌も出すことはできない。

文藝春秋社の池島信平は、その当時を回想した文章の中で、そのあたりを次にように書いている。

「だいたい事業体への圧迫といえば、金融的な圧迫が一番いたいが、出版社というのは金融的に初めから問題に圧迫されていないから、これはたいしたことはない。それより統制時代に入って用紙の面で圧迫される方がコタえる。（中略）紙でイヤがらせをして、それから奥の手を出す。『雑誌ツブすに刃物はいらぬ』、検閲を強化して、発禁をつぎつぎにあびせかければ、経済的に参ってしまう。左翼雑誌をつぶしたのは、この方法であり、一般の雑誌を為政者の意のままにすることが出来たのも、この検閲というハサミであった」

紙をケズられないようにし、逆に少しでも多くの特配を受けようと、出版社、編集者は心をくだいた。そのためには、彼らのお気に入りの執筆者、戦争を賛美する内容の作品を掲載することである。

その究極の手段は、内閣情報局を動かす軍人に官制原稿を書いてもらうことだった。鈴木庫三少佐、平櫛孝少佐、谷萩那華雄大佐、阿部仁三らが〝花形執筆者〟だった。

生き延びるために、競ってこれら現役軍人や、ファシスト執筆者の原稿争奪に奔走せざるをえない悲しい現実が、十年代の後半に入ると顕著になっていた。

しかし、読者は官制原稿で埋められた雑誌や出版物には、おのずと選択眼を働かせ、目をそむけた。たとえ読んだにしても、この種のお仕着せ原稿には、心をうち感動をよぶひびきはなかったのである。

言論の自由を圧殺されたこの時代下にあって、第六巻に収録された作品には、後半の数篇をのぞいて戦争の影は薄いようである。空襲をわずかに受けた程度の土地柄と、この地を訪れた者が、都会の酸欠状態をのがれるために来ていたため、強いて苛酷な現実から目をそらし、信濃路の風月に救いを求めた故かも知れない。

「月にほとけにおらがそば」は、当時の文人たちの心のよりどころであったのだろう。

（第Ⅱ期刊行記念号）

出版人と信州の文学

出版界に働く者は、かなり広範囲の読書を強いられている。しかし、その読書量から推しても、「信州の文学」と問いかけられると「木曽路はすべて山の中である」の島崎藤村の文字に思いを馳せる。

好むと好まざると、明治・大正・昭和三代に生きた島崎藤村は、その作品によって、信州および信州人をある枠組に囲った嫌いがあった。

藤村文学に描かれた信州人は、高い山に囲まれた谷間で、きびしい自然と家の桎梏《しっこく》に呻吟《しんぎん》しながら生きる、愚直なまでの人間像だった。

この信州から、大正・昭和時代、幾多のすぐれた出版人が輩出していった。岩波書店の創業者・岩波茂雄、筑摩書房の古田晁たちだった。彼らもまた、己の出版の理念を愚直なまでに通す生き方に徹した。とくに戦後の出版界で波瀾な生涯を終えた古田晁は、ある匿名氏に、次のような月胆評を頂戴したほどだった。

「古田晁が、一風変わった魅力で、戦後の出版界に頭角を現した理由の根本は、彼が出版という仕事の文化的意味を馬鹿正直になほどに本気に信じていたことである。出版屋の主人などは口先では殊勝なことを云っても、腹のなかは吝臭《けちくさ》い算盤一点ばりの、商人の風上にもおけないようなのが大部分であるが、そのなかで彼だけは心から『日本文化のため』を念じて出版をやってる。

筑摩からときどき玄人の呆れるような妙な売れない本が出るのは、いわばその証拠であるが、この点、彼のような古風で愚直な男が現代に生きるとは、実物を見なければ誰も納得できないかも知れぬ」

この古田晁が、筑摩書房をはじめたときから強い念願としていたのは、同じ信州が生んだ島崎藤村の全集を出したいということだった。彼は自分の社で藤村を出す義務があると思い込んでいた。

しかし、藤村の全集は、文芸出版の老舗新潮社にがっちり握られ、昭和二十三年に全十九巻が刊行されていた。だが、古田は初志を貫いて、昭和三十一年から全三十一巻の制限漢字、現代かなづかいによる小型全書版の『島崎藤村全集』を出し、さらに、未発表原稿や『夜明け前』のために用意された『大黒屋日記抄』などを加えた、完璧な内容の『藤村全集』を完結したのである。

古田晁の出版人としての生き方は、出版の常識から見れば桁はずれであった。

ややもすると、藤村文学に画一化された信州の文学に大きく風穴をあけたのは、郷土出版社の全三十巻に上る『長野県文学全集』の刊行だろう。

この全集は、明治・大正・昭和三代を通して、信州に関して書かれた膨大な文芸作品の中からセレクトされた活字と、貴重な写真で辿る信州の山河、人情の機微、信州人の生き様の集大成といえる。

古田晁が同郷の文豪の全集刊行を出版人生の一代義務としたと同じように、長野県に生まれ育ち、この地で出版社を営む高橋将人社長が、郷土出版社創業以来の強い念願を達成した快挙である。

地方に根づく出版社で、これだけ大がかりな地域中心の文学全集を刊行したのは、郷土出版社をその起りとするだろう。

（『長野県文学全集』完結に寄せて）

遺しておくべき本

ほぼ一年前の平成九年七月、直腸癌の手術を受けた。S状結腸の下部に三センチの悪性腫瘍が見つかり、摘出したのである。

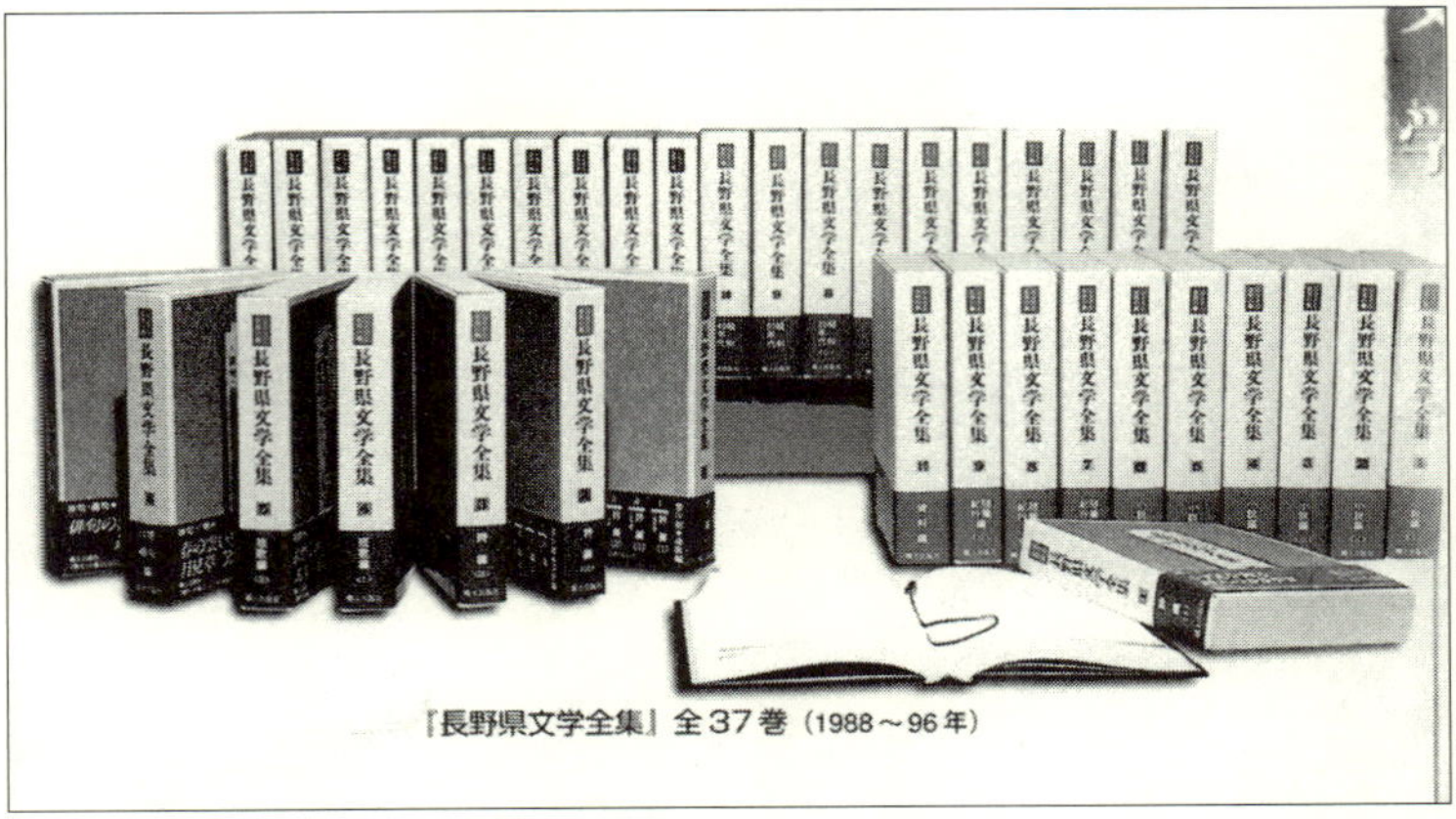

『長野県文学全集』。

直径三センチの大きさは、早期癌の段階はとうに過ぎていて、デュークス分類法で言うと、Bの段階と考えられた。Aは早期癌で、五年生存率は九十九パーセントといわれ、Bは七十パーセントとされている。

癌を告知され脳天をハンマーで殴られたような、精神的衝撃を受けた。一瞬、冥府《めいふ》への旅立ちを覚悟したものだった。身辺の整理を急がねばならない。少なかざる蔵書をどうするかも、検討事項の一つとなった。出版関係者の書籍を中心の他は雑本のたぐいで、散逸しても別に惜しくはなかった。が、お役に立つに越したことはない。

迷惑を承知で、私が選択したのは、心から信頼を寄せる郷土出版社の高橋将人社長に引き取っていただくことだった。社長は、昭和史を中心とした郷土文化の顕彰を、出版の骨格にしているから、多少は役立つ本があるかも知れないとの考えからだった。

手術の三日後にお見舞いをいただいた折、私は貧しい蔵書の寄贈を申し出た。むろん、暫くの余生と、執筆活動の再開を予測し、参考資料は残しておかなくてはならないだろう。私はそのあたりも、正直に申し上げた。

しかし、高橋社長は「何を言うんですか。あまりにも淋しいじゃないですか」と、当初はかたくなに拒み、ようやく一部の引き取りを承知して下さった。

お恥ずかしい雑本の一部は、郷土出版社の資料室の片隅に、社長自らの手で運ばれたが、今年の一月五日の仕事始め、講演にお招きいただいた折、「塩澤文庫」として書架にまとめて収められていた。その貧しい内容の書名に、改めて顔が赤らむ思いだったが、〝雑草文庫〟を標榜している大宅文庫にあやかれば、「雑本は雑本なりの利用価値もあるだろう」と聞きなおりの心境になった。

ひきつづいて、自宅と新宿の事務所にある少なからざる本の処理をしなくてはならない。が、現金なもので手術後の経過が、いまのところ順調で、細々と仕事がつづいていると、資料として使う機会もあり、手放す決断が容易につきかねる悩みの日々となった。

しかし、窮極の日まで、手もとにおく本は自宅の書斎の書架に並べられた二百冊前後と心に決めてある。数十点を越す拙著は、まあ、生みの親としての責任上、保存しておくとして、他に選んだ本は、編集委員の驥《き》尾《び》に付き、お手伝いをした郷土出版社の『長野県文学全集』の全巻と、『熊谷元一写真全集』や『飯田の明治・大正史』など、ふるさとを結ぶ本と、心の糧となったごく限られた本である。

プリア・サヴァランの『美味礼讃』の冒頭の言葉「君がどんなものを食べているか言っ

てみたまえ。君がどんな人間かを言ってみせよう」を援用にして言えば、窮極の日まで残す本の書名を並べれば、私がどんな人間であるか（笑）わかるはずであった。
その本の中に、高橋将人社長に率いられた郷土出版社刊行の本が、数十点収められているのである。私の信州と、郷土出版社への思いの丈は、この一事でわかっていただけるであろう。

（『私たちの全仕事』寄稿エッセイ）

広がる分野——相撲から歌へ

広がる執筆分野

「生涯に一冊の著書を持ちたい」

柄にもない望みが叶い、出版関係を中心に人物伝、児童書、相撲関連、歌謡関連とテリトリーは広がっていった。異色の相撲部門は、実信という名前に由来していた。

私の父親は、信州は飯田の在で酒店を開いていたが、若い頃は趣味の草相撲の役力士を張っていたことが自慢だった。骨太で膂力《りょりょく》はあったが大兵ではなく、それでいて相撲が強かったのは、相撲の技に通じていたからだった。

父は、大正末期から大相撲を何回か観戦していて、当然、人気力士の経歴から得意技、名勝負の一部始終を知っていた。本場所を目の当たりに見た者の、リアリティをただよわせて、名力士の取り組みや、勝負のあれこれを近所の人たちに話していた。

病膏肓《こうこう》に入った父親は、あろうことか三男の私に、当時、大日本相撲協会会長の陸軍大将・尾野実信の名を拝借に及んでしまうのである。

戦前、相撲協会の会長は、陸海軍の大将クラスが勤める仕来りになっていて、昭和五年の頃は、陸軍次官から軍事参議官へ祭り上げられた陸軍大将尾野実信が就いていたのである。

命名の由来を知られればこそ、私はいっぱしの相撲好きとなり、ラジオから流れる相撲中継を熱心に聴き、新聞のページ一面を埋めた相撲記事を見ていた。

利発に遠いのに小学一、二年生で、双葉山、男女《みな》ノ川、武蔵山、前田山、鏡岩、羽黒山、名寄岩《なよろいわ》、出羽《でわ》湊《みなと》、盤石《ばんじゃく》、鯱《しゃち》の里、幡瀬川《はたせがわ》、巴潟《ともえがた》などの四股名《しこな》を読めたのは、相撲狂の血を受けた因縁のしからしめるところだった。

四十半ばで職を離れ、物書きの端くれになってから、河出書房の継承者・河出朋久元社長と昵懇《じっこん》の間柄になり、その紹介で知り合ったのがベースボール・マガジン社オーナーの池田恒雄社長だった。

池田社長は、私の名の由来を知ると、東京本場所の度に一回、国技館向正面の砂かぶり席に招待を賜り、さらに自社で発行する『相撲界』に、十年に及ぶ連載を持たせてくれたのである。

『相撲界』のつたない相撲エッセイは、僥倖にも文藝春秋の『スポーツ・グラフィック・ナンバー』、朝日

高見山（左）と。右はベースボールマガジン社池田会長。

大関魁皇（右）、武双山（左）と。

新聞社発行の『アサヒグラフ』など、スポーツ関連誌に着目されて、次第に執筆の領域を広げる糸口になり、それらの連載、掲載記事から、『力士の肖像』（ベースボール・マガジン社刊）、『平成の横綱貴乃花伝説』（展望社刊）、『昭和平成名力士100列伝』（北辰堂出版刊）などの、拙著を刊行する運びになっていくのである。

また、歌謡周辺からは、『愛唱歌でつづる日本の四季』（論創社刊）、『昭和のすたるじい流行歌』（第三文明社刊）、『昭和歌謡100名曲』全五巻、『昭和の歌手100列伝』全三巻（北辰堂出版刊）、『昭和の流行歌物語』『昭和の戦時歌謡物語』『昭和のヒット歌謡物語』（展望社刊）、さらに『不滅の昭和歌謡』（北辰堂出版刊）、『この一曲に賭けた100人の歌手』（展望社刊）など、数々の類似した歌本に連鎖していくことになる。

このうち『昭和歌謡100名曲』全五巻、『昭和の歌手100列伝』全三巻は、このあと平成二十六年九月号の『中央公論』誌上で、「敗戦日本に希望を灯した昭和の歌」でペギー葉山と対談した折、「このシリーズは、まさに歌の事典ですね」と、お誉めの言葉をいただいた。

これらの発行元・北辰堂出版の今井恒雄会長は、双葉社時代の私の後輩で、若くしてエルムという出版社を創立。ウルトラマンや仮面ライダーなど、テレビのキャラクターの絵本や図鑑など次々と出版。当時の子供たちの間で熱狂的な人気を誇った、今日のアニメブームの先駆者であった。

私は双葉社退社後、わずかな期間、この社の仕事を手助けした時期があり、当時大学を卒業したばかりの漱石の孫、夏目房之介がこの社に居た縁で親しくなり、前述の房之介の父君純一、漱石、岩波茂雄の貴重な秘話につながってくるわけである。

今井会長との交誼は六十年にわたり、私の最も古い友人の一人となっている。

さらにこの中の一冊、展望社から平成二十三年七月に刊行した『昭和の流行歌物語』は、同年九月四日付の朝日新聞書評欄に、美術界の鬼才・横尾忠則が「誰にもわからないヒットの条件」というタイトルで、次の通りに書評された。

好みからいうと「流行歌」というより「歌謡曲」かな？　でも、「流行歌」を「歌謡曲」に言い換えたのは戦時中のおカミだそうだ。

「歌は世につれ、世は歌につれ」ながら時代の歌は現実の人の心の飢えや、どろどろした情念を写実的にリアルに画いたかと思うと、虚構の世界を設定して時空を非日常的な想像の中でうんと飛翔させて、自由に夢や愛と戯れながら遊ばせてくれる。どの歌も世相を反映しているがどこか仮想じみているのが流行歌だ。そして気がついたらわれわれは物語の中の主人公になってしまっている。

流行歌によって現実はペロッと裏返されて虚構化されてしまう。その最たるものが軍歌で、まるで大本営歌詞かと思わせる歌もある。しかし歌い継がれるのは当局の推奨の勇ましい曲ではなく、悲壮感あふれる短調の調べだった。

歌が先か世が先か知らないが、流行歌の運命を仕切るのは全てレコード会社の商業的思惑で、スターダムに乗るのも凋落するのも売れる売れないの一点で決まる。これは歌手だけではない、作詞家、作曲家もこの運命からは逃れられない。本書の著者は、そんな現場の修羅場をまるで見てきたように語る。本書には著者と著名音楽家たちとのツーショット写真がたくさん掲載されているが、歌が生まれ、ヒットする現場に入りこんで描いたルポだけに臨場感がある。

本書は、流行歌が物語る立派な昭和史である。そんな昭和の時代を走り抜けたのが女王・美空ひばりで、人気ナンバーワンは「青い山脈」。だけど激動の昭和史の代表的国民歌の筆頭が、なんと歌手では素人の渡哲也の「くちなしの花」だというから驚く。この歌を聴いた石原裕次郎が「もしヒットすれば銀座を逆立ちして歩く」と豪語したように、ヒットの絶対条件は誰もわからないのだ。どうもヒット曲は「社会的条件」と関係がないらしい。

意外な仕事

このように朝日新聞の書評欄に、大きく取り上げられたのは、最初の『出版社の運命を決めた一冊の本』以来であった。新刊抄、文庫本紹介には何回か載ったことはあり、毎日新聞、読売新聞、産経、信濃毎日、東京、中日、共同通信系列などの各紙、週刊朝日、週刊新潮、週刊文春、週刊現代、週刊読売、週刊大衆。あるいは月刊各紙にも紹介されていて、それなりの評価を得たよろこびは大きかった。が、朝日新聞は格別の感があった。畏友、同志の交流を持った刊行元の展望社唐澤明義社長は、講談社の編集者生活二十数年を経て独立し、今日までの二十年間に三百冊を上梓しているが、『財界』の平成三十年一月号で、「ひとり出版社の愉しみ」と題し、次のようなエッセイを発表していた。

ひとり出版社を始めたのは1997年夏、ちょうど20年経ったことになります。(中略)この業界に入った始まりは講談社でした。出版社が週刊誌を出し始めたときで「週刊現代」「少年マガジン」創刊の要員として採用されたのでした。入社してすぐ週刊現代編集部に配属されました。編集長はじめ、先輩社員の誰もが週刊誌づくりは初めてでしたから、新入りも同じスタートラインから飛び出したようなもので、企画も取材も手探り状態でした。

無我夢中の4年間はあっという間に過ぎました。その後は「週刊ヤングレディ」、単行本、大型企画などの編集にかかわり、アメリカ、中国、ヨーロッパへ海外取材も経験して、充実した編集者生活を過ごしました。

定年まであと数年というとき、思うところがあって講談社を退社。「週刊現代」時代の先輩であるIさんが興した月刊情報誌「テーミス」に移りました。少数精鋭の編集部で3年間揉まれて貴重な勉強をいたしました。それでもやはり独立しようと決意したときは、60歳を過ぎており、世間的には悠々自適の暮しでしょう。スタートの頃、同業の友人が「小出版社には小出版社のやりかたがある。ひとつのジャンルに集中すべきで、あれこれ手を出してはいけない」と忠告してくれましたが、そうはできませんでした。

何かヒットする企画はないかと、あれこれ手を出して成功したり失敗したりしました。「唐澤はひとりで講談社をやっている」と冷笑されたりもしましたが、いい企画はないか、といつも探し回っていた週刊誌時代の習性が身についてしまったのでしょうか。

ひとり出版社の愉しみは何かと言えば、好きな企画を自由にできるということでしょう。（中略）社内の根回しも必要なし、上司の許可もいらない、やりたい放題。ただし自己責任。

人手のないことや資金の問題もあり、出版数は年間十数点がいいところです。出版した本の数は20年で３００点ほどになります。この中から3点、朝日新聞の書評欄に取り上げられました。３００点から3冊、１００分の1の確率です。

K社とかS社とか、大出版社なら文庫、新書などを入れれば、年間千点は出しています。20年間なら2万点にはなるでしょう。そのうち何点、朝日新聞に取り上げられたでしょうね。

詳しく計算したわけではないけれども、３００点で3点というのは、打率では勝っているのではないかと思うのですが、どうでしょうか。ちょっぴり自慢させてください。

朝日の書評で取り上げられた3点とは、杉本秀太郎氏の『神遊び』（２０００年）、遠藤晴男氏の『オマーン見聞録』（09年）、塩澤実信氏の『昭和の流行歌物語』（11年）です。

（後略）

三百冊で三冊――。

朝日新聞の書評欄への掲載を包み隠しもなくこのように表現する畏友の気持ちは、私にも通じるものがあった。

私の場合は、四十年間に百冊の刊行。そのうちの二冊――。百分率に照れせば二％で、これは歌謡曲のヒット率とほぼ同じということになろうか。

滑稽にも大手新聞の書評に取り上げられることが、根を詰めて升目《ますめ》を埋める雑文書きのよろこびの一つであった。

四十年で百冊の単行本は、ノンフィクション分野では、「可もなく不可もなし」で、マアマアと考えらえる。が、末期高齢に達し、終活の思いを込めて書き下ろす資料集めに筺《きょう》底《てい》をさぐってみると、単行本になる量の連載もの、あちこちに寄稿し散逸してしまったものが、まだかなりあることを知った。

その内の一つ、『政界』誌に平成三年から連載した「この人シリーズ」は、ビートたけし、田原総一朗、竹村健一、堺屋太一、落合信彦、角川春樹など、ＴＶ・映画・雑誌・舞台で八面六臂の活躍をしている虚人やら巨人を、辻斬りしたものだった。

そんな中で、いまや頂点を極めた感のビートたけしについては『タテマエ社会をホンネで衝く〝文化の笑化師〟』のタイトルで、次の通り書いている。

タテマエ社会をホンネで衝く〝文化の笑化師〟ビートたけし

TV・雑誌で〝毒演〟

ある人物の社会的地位や実力の程度を、正確に測定することは難しい。主観的なスケールはあっても、客観的なそれがないからだ。しかし、人気があり有名人であるかどうかは、簡単に判定することが可能である。

それは、彼、あるいは彼女について書かれたマスコミの記事の切り抜きの重さ、テレビ、ラジオ等の電波メディアへ出演した時間の量を測ればよいことである。

アメリカでアール・ブラックウェルとクリーブランド・アモリによって編集された膨大な、『有名人名簿《セレブリティ・レジスター》』は、まさにこの方法で選択されたことで知られている。

この伝に従えば、タレントのビートたけしこと北野武は、いまをときめく超有名人であり、〝天才〟に値するマルチタレントである。

毎日、ビートたけしは、TVチャンネルのどこかに登場して、機関銃のような早口で毒気の強いギャグを連発。単なるお笑いを越えた鋭い、文明批評にまで達する言葉で、政治から経済、時事、文化、世相と、当たるを幸いに〝笑化〟している。

さらに、週刊誌、月刊誌、単行本と、活字媒体を舞台に、舞台そのままのタッチで、書きまくる。その表現は露骨で過激。品位に欠けるが、タテマエ抜きのホンネで言っているだけに、読む者を納得させる不思議な説得力にみちている。

たとえば、猫もシャクシもやりはじめたゴルフについて、たけしは「ゴルフが紳士のスポーツだなんて大ウソだ」ときめつけ、「紳士のスポーツなのに、早朝の電車に行商のおばさんと一緒に乗ってゴルフ場に行っちゃいけないっての。死んだフナが打ち上がってる河川敷でプレーして、なにが伝統だ、格式だ」と、痛烈な批判をするのである。

彼はつづけて言う。

「やれ紳士のスポーツだ、格式が、伝統が、なんていっちゃってるけど、よーく見りゃやってるのはセコイやつばかりだしさ。（中略）

芸能人てのも、すぐにまたゴルフなんかはじめやがってさ。ハンディがいくつだのって、芸能人でゴルフがうまかったら、カッコ悪いってんだよ。うまいってことは、それだけ仕事がなくてヒマだってことなんだからさ。恥だってんだよ、バカヤロー。」

ゴルフなどに縁のない者には、溜飲がさがる言説ともいえる。

たけしの誌上に繰りひろげられる独演ならぬ毒演は、とどまることを知らない。〝反時代雑誌〟を標榜するあの「新潮45」にも、毎月、十二頁の連載をもっているが、ここでは宗教から政治、国際問題など、タレント風情とは思えない該博な知識をちらつかせて、縦横無尽に切りまくっているのである。

それもタブーとされている用語をへいちゃらで使い、ヒンシュクを買うこと大歓迎のかまえで、面白い比喩をバンバン用いて語り下ろしているから、難しい問題も実にわかりやすいし、唸らせる。

バック・ナンバーの中から、アトランダムにとりあげた『たけしの宗教戦争』には、今世紀最大の新興宗教が、マルキシズムだったとして、次のように述べられている。

「まったくとんでもない宗教だった。こんなに音をたてて崩れるとは思わなかったけどね。マルクス教信者たちは、人間がいかに言うことをきかねえか、だらしねえか、ダメなものかというのが、全然わかっていなかったんだから。みんな平等ということは、頭の中だけだったら素晴らしい言葉だけど、現実にそんなことがあるわけない。

犬を十匹集めておいて、ひとつの餌をみんなで仲よく食べなさいっていったって聞くわけがないだろう。お互いに噛みあって、餌をもって逃げるやつがいて、それをみんなで追いかける。

人間だって、本質的にこれと変わりはしないんだよ」

犬と人間を、本質的に変わりがないと見るのは、漫才的なあまりに漫才的なではあるが、たけしが咆えている分には、目くじらを立てる人も少ないだろう。

この毒気、禍々しさがたけしの持ち味であり、特色でもある。彼からこの悪ガキ風の悪態、秩序破壊的な爆弾発言がなかったら、はるか昔に、芸能界から消え去っていたに違いない。

ということは、露骨で下品でゲスな表現ではあるが、ビートたけしのホンネで勝負する姿勢を好む人々は、厳然と存在する証左である。

日本人の心には、タテマエとホンネが同居してる。が、人前ではタテマエを話し、ホンネの部分は巧みに隠蔽しているのが、〝常識〟だった。

とくに、政治家、学者、財界人、文化人の範疇に入る〝人種〟は、心にもないタテマエとホンネの乖離《かいり》の幅は、おどろくほど広く、それを矛盾撞着《どうちゃく》なく言ってのけるところに彼らのしたたかさがあった。

たしかに、落語や漫才の世界では、この種の人間の生き方、言動をオチョクり、お笑いの題材としてきたが、舞台やテレビ、ラジオといった公の場には、禁止用語や制約があって、自ずと規制を余儀なくされていたのである。

わずかに、関西に出自をもつ漫才が、たとえば馬鹿に対してドアホーとかバカタレ、タワケ程度の言葉で、話を面白くしていた。しかし、地口や軽いオチ、語呂合わせ程度で、笑いの起爆力には弱かった。

ところが、オイル・ショックでゆれた昭和四十八年、浅草のストリップ劇場フランス座出身のコメディアン・コンビ「ツービート」が出現するに及んで、笑いの様相は一変したのである。

ツービートの企てたお笑いが、どれほど衝撃的であったかは、ビートたけしの語り下ろしの著書『ビートたけしのみんなゴミだった』から、次の一説を引用すれば、わかっていただけるだろう。

「たとえば、どんな色男でもチンポコが立っていたら、カッコ悪い。水もしたたるいい男なんだけど、勃起している姿ってのはどうしようもなくカッコ悪いじゃない。大笑いだ。

ウンコしているところ、セックスしているところというのは、隠しようもなくみっともないんだね。どんな高貴な方でも、どんないい女でも、尻の間からウンコが出てきたら、これはもう終わりだもん。誰がなんてったってみっともない。

排泄行為と性行為っていうのは、根本的に滑稽なんだよ。そしてどこまでも人間について回る。だからこそ、お笑いは人類とともになくならない。そう思うの。」

ウンコとセックス、その普段はベールの下に隠れている部分を、平気で明るいところへ引っ張り出してきて、指をさして笑いものにする。意識的に、故意に白日のもとにさらして笑い飛ばす。

ひとり前の大人、常識のある者だったら、このように卑猥・淫猥な言葉は、人前では絶対に話さないものだし、間違っても文章化はしない。

ウンコの話、セックスの話は、巧みな比喩や隠喩を用いてこそ、すんなり聞けるものであって、それをこうも生々しく、平然と言ってのけられると、正直言って発言者の頭の中を疑ってみたくもなる。

ましてステージで、ペラペラと話しまくられては、巷の安寧秩序を乱すとばかり、口に封印を押されかねないだろう。

——だが、ツービートの場合は、そのタブーに挑戦し、世の良識だの常識、風紀、空気、品位などといったものを、平然と紊乱《びんらん》しはじめたのである。

ネタは、たけしが一人で考えていた。

浅草フランス座でスタート

このビートたけしの芸の出発点は、浅草にあった。典型的な下町、足立区梅島のペンキ屋の三男に生まれた彼は、十九歳ちがいの長男、五つちがいの次男にくらべて、頭のデキはよくなかった。二人の兄が、進学高校の上野高校から国立大学へ進んだのに対し、たけしは地元の足立高校から、明大工学部へ進んだのである。

兄に対するコンプレックスは、大学へ入っても消えることはなかった。それ故に大学は二年で中退し、家出して新宿でヒッピー同然の生活をすることとなった。モダンジャズ喫茶店「ビレッジゲート」「ビザール」「ビレッジバンガード」などのボーイを転々とするが、彼の著書『浅草キッド』によると、

「ヒッピーだとか、サイケだとか。ハプニングだとか。ハイミナールだとかハシシだとか。およそ新風俗と呼ばれるものには、片っ端から染まってみたかった。(中略)自称小説家。

自称劇作家。自称放浪詩人。実存主義者に、サルトル研究家。前衛カメラマンにイラストレーター、コピーライター、映画監督という輩に混じって、オイラも自称フーテン族をきめこんでいた」

という荒れた生活を送っていたのである。

大学へ入った年が、学園紛争が全国的に吹き荒れた季節だった。その煽りを受けて、彼もいっぱしの過激派を気取り、羽田闘争や新宿騒乱事件に参加したりした。自称フーテン族となっても、尻にその殻をひきずっていた。新宿にたむろするヒッピー学生と、空疎な議論を闘わせたり、あるいは屁理屈をこねたりしていたが、ふと気づくと、彼らは大学を卒業し、昨日までの革命幻想はさらりと棄てて、企業の一員になるか、田舎へ帰って家業を継ぐ、体制側の人間になっていた。

「五年間もだまされ続けて、いまじゃ『助かった』って感じもあるけどな。うん、今から思えばバンザイだよ。みんないなくなっちゃって浅草へ行くことにしたんだからね。ありがたいと思っているくらいだよ、ばかやろう！」（『ビートたけしのみんなゴミだった』）

新宿でエセ・インテリ、エセ革命家、見せかけの体制破壊者を気取った輩たちにだまされた体験は、たけしの深いトラウマ（心の傷）となった。

浅草に行ったのは、人からさげすまされるお笑い芸人になるためだった。

「芸人っていうのは、オレにとって最低到達点。最後のトリデなわけだから、これをやめたら、もう乞食やるしかないわけだよ」

有名になってからこのように書いているが、浅草へ流れた頃のたけしの心中は二重にも三重にも屈折していた。まず、ストリップ劇場として知られたフランス座のエレベーター・ボーイをやりながら、深見千三郎の下でコメディアンの修業を始める。幸運にもこの師匠は、たけしを徹底的に鍛えて、芸の基本をたたきこんでくれたのである。

師匠は、片手の指がない身体障害者だった。その彼が、指のない手を空に泳がせ、「芸人というものはのたれ死にするものだ」と、舞台がハネてから煮込み屋で、チュウハイを飲みながら、訓戒をたれてくれたのである。

師匠は、たけしに次のようなことを、耳にタコができるほど言ったのだった。

「おまえは浅草最後の芸人だ。いいかテレビなんかにいくんじゃねえ、芸人は芸人らしくのたれ死にしていくもんだ。世の中のためになることは何もしないで、くだらないことばかりしていて、やくざと変わってないんだぞ。それが幸せな生活なんかどうして求められるんだ、ばかたれが……」

たけしの体の奥まで、師匠の訓戒が入りこんでいて、後年、当代一の人気タレントとなり、大久保に六億円を上まわる豪邸を建てて妻子は住ませても、彼は部屋を見に行っただけで、一回も泊まることはなかった。

多芸多才で頂点に立つ

深見師匠の訓戒に背いて、電波メディアに出演するようになったのは、同座の兼子二郎（ビートきよし）と、ツービートを結成、お笑いコンビをはじめたからだった。二人は、舞台で法律違反スレスレの反権力的毒舌で、大当たりをとった。

いまも人口に膾炙《かいしゃ》しているギャグ・コントに、

「赤信号、みんなで渡ればこわくない」

「寝る前に、きちんと絞めよ親の首」

などの傑作寸言がある。彼らは、タテマエの罷り通る社会を徹底的にからかい、ばあさんいびりをし、ブスをお笑いの対象にして、たたきまくったのである。

常識のワクを踏み外せない芸人たちの中で、放送禁止用語にふれる下品な言葉を連発するツービートのお笑いに、当然のように非難の声が集中した。

しかし、ブス、バカ、短小、ジジイ、ババアなど二人の口をついて出るハラハラする言葉は、自粛される様子もなかった。逆に徹底して社会のタテマエを攻撃するその暴言は、広い世代の共感を呼んでいた。

折からの漫才ブームの中で、ツービートは〝毒ガス〟と呼ばれた。その毒気に知性の味も含まれていることが、彼らのお笑いを長持ちさせる支えとなった。

そして猖獗をきわめた漫才ブームが、あっけない早さで消滅した後でも、ツービートの人気は衰えず、ファン層を広げていった。

その人気を背景に、たけしときよしが個人活動を開始したのは、五十六年からだった。

たけしは「オールナイト・ニッポン」で、一人二時間しゃべりまくることになるが、ブレーンの放送作家高田文夫は、たけしと打ち合わせのとき、ひとつだけ決めたのは、ぜったい、東京弁――下町コトバでやろうということだった。彼が足立区で、悪ガキの頃からしゃべっていた「オイラ」「テメエ」「バカヤロー」がボンボン飛び出す下町言葉である。「はじめましてこんばんは。そういうわけでビートたけしです。この番組はナウな君たちの番組ではなく、完全にワタシの番組です」の言葉からスタートするが、たけしはこの一言によって、水を得た魚になり、孫悟空における觔斗雲《きんとうん》に匹敵する〝たけし言葉〟を自在にあやつるようになったのである。

ラジオにつづいて、フジ系の「オレたちひょうきん族」のレギュラーに起用された。彼はサーカスのピエロのような扮装でたけちゃんマンを名のり、明石家さんまのブラックデビルとのくんずほぐれつのドタバタ劇で、茶の間の人気を爆発させた。

さらに、自前の〝たけし軍団〟を編成して「ＯＨ！たけし」「たけしのスポーツ大将」「天才たけしの元気が出るテレビ」「風雲たけし城」で民放テレビを総ナメ。浅草で叩き込まれたアドリブの強みをいかんなく発揮して、いずれの番組も高視聴率を確保したのである。

ＮＨＫテレビも、たけしの超人気に目をつけ、彼の少年期の自伝『たけしくん、ハイ！』を、銀河テレビ小説でドラマ化し放映を開始するまでになった。

誰の目にも、たけしは芸能界の頂点に舞い上がったように見えた。だが、浅草育ちで破滅願望を徹底的に鍛えられていた彼は、ブームは長くつづかないことを計算していた。彼は、この間に他の領域に力を広げることを考え、映画界に進出。五十八年『戦場のメリークリスマス』、五十九年に『哀しい気分でジョーク』、六十年『夜叉』では、日本アカデミー助演男優賞を受賞した。

また、テレビの特番主演ドラマ『大久保清の犯罪』『イエスの方舟』など、異常犯罪者や、特異なキャラクターを主役としたテレビドラマに、映画出演と同時進行の形で出演してドタバタ役者にはないシリアスな演技を見せたものだった。

浅草に出自を持つ芸人のほとんどが、〝芸人バカ〟を地で行くネジのゆるみを持っているのに、彼は寝る間もない超多忙の中で、その傍ら活字メディアでも力を発揮し、自伝からエッセイ、直木賞を狙って短編小説まで、二十点にあまる本を上梓していった。

専属の〝足立区バンド〟を持ち、ロックを歌ったり、シングル盤やLPを出してもいた。六十年に入るとラジオにテレビ、レコード、雑誌、単行本と、足立区の悪ガキは、マス・メディアを文字どおり、制圧した形となった。チャンネルをひねれば、毎日、どこかのテレビに出て、マシーンのようにしゃべりまくり、ドタバタ劇で笑わせるビートたけしの姿が見られ、その人気度は、男性でトップに立つまでになったのである。

収入もケタはずれの額にハネあがっていった。傍から見たら、目もくらむような立場になった。が、ビートたけしはウツウツと楽しまなかった。芸人の出発点が浅草で、のたれ死的考えをたたきこまれたアナーキー人間の発露だった。

「いい車乗ったり、いいとことで飯食ってると、いいのかなと思うんだよね、これはまずいよと。だからきたないところへ行くとほっとする……」

たけしのすさまじい活躍によって、まず、萩本欽一が消されていく運命にあった。浅草で同じ深見師匠から芸人の手ほどきを受け、〝欽ドン欽どこ〟スタイルで、一時は天下を取った超人気者だった。「愛は地球を救う」といった二十四時間のチャリティ・ショーを企画、司会し、その人のよさと温かさは、茶の間に安心して受け入れられていた。だが、そのウソ臭いヒューマニズムは、ホンネで勝負するたけしのスラップスティック・ギャグの前に、ものの見事に正体を露呈してしまうこととなった。

さて、頭の上の強敵を潰して、追い払った瞬間に、たけしはそれまで萩本のいた位置に、自らがスポッとおさまっていることに気づいたのだった。

頂点をきわめた者は、強力なライバルが出現したとき、落ちていくだけである。彼は自らのおかれた立場を、ものすごくやばいものであることと、浅草育ちのカンで意識したのだった。

フライデー事件もバネに

たけしが、愛人問題を執拗に追う講談社発行の写真週刊誌『フライデー』に腹を立て、手兵の〝たけし軍団〟を率いて、同社編集部に殴り込みをかけたのは、昭和六十一年十二月九日午前三時すぎだった。

石原軍団のパロディーとして編成した〝たけし軍団〟とは、そのまんま東、大森うたえもん、ダンカン、ガダルカナル・タカ、松尾伴内、柳ユーレイ、グレード義太夫、お坊ちゃま、サード長嶋、大阪百万円、キドカラー大道と、大将以下総勢十二人だった。彼らは、たけしの命令いっか『フライデー』の発行元、講談社に乱入。カサや消化器をふりあげて、一方的に暴行沙汰を働いたのだった。乱入した動機は、同誌の外部記者石垣が、たけしの愛人A子にしつこい取材を繰り返したあげく、ケガをさせたことからだった。

怒り心頭に発したたけしは、編集部へ再三電話を入れ、取材記者の名を聞きただしたが、満足の回答がえられなかった。酔いも手伝って、担当編集者との電話の対応は、エスカレートしていった。

「たけし　はずかしくないのか、づうづうしいなてめいは、くず、うーん、そんなこといってよく生きていると思うなよ、この野郎、いいか、てめい俺だってな、普通の男じゃねいからよ、呪い殺してやるからな、わらわせんなよ、お前、わらってんなよ、いいかてめいの親だ、なんだって、かたわになったら絶対俺のせいだと思っておけよ、いいか根性きめてやってやるからな、いいか、来いよ、今から。

増子　えー。

たけし　今から、今そこにいるのか、俺行ってやろうか。

増子　今ここにいますよ。
たけし　うん、どこだよ、住所教え――。
増子　えー講談社の文京区の音羽ですよ。
たけし　逃げんなよお前。
増子　逃げませんよ」
たけしは当時、人気の頂点に立ち、彼の毒気は、テレビを通して全国にふりまかれていた。その彼が、この電話の後に、実際に殴り込みをかけたとあって、社会全体に猛烈な波紋を巻き起こしたのである。
出版界は〝3FET〟と呼ばれる、五誌入れ乱れての写真週刊誌戦争の渦中にあった。さきがけとなった新潮社の「フォーカス」の好調さに刺激されて、二〜三年の間に大手出版社から、矢継ぎ早に四誌が参入。取材は過激の度を加えていた。有名人のプライバシーを侵す盗み撮りがあいつぎ、狙われた彼らは戦々恐々の体に陥った。
超有名人のたけしは、むろん、絶好のターゲットにされていた。殴り込みの三年前に、すでに頭にきていて、写真週刊誌について次のような発言をしていた。
「マスコミだからってさ、何書いてもいいってもんじゃないんだよ。『フォーカス』にしたってさ、犯人のウンコほじくっているみたいなもんじゃない。ひとの汚いことばっかし狙いやがって片方じゃ、新潮社は文芸出版ですってエラそうなことといって、権威ふりまわしてさ。もう片方じゃ、ウンコみたいなことをやってるわけよ。それで、テメエラたちがだらしない人間だってことを自覚しているんなら、まだ許せるけどさ。ウラじゃ、ジャーナリズムだの屁だのって能書きタレてるんだから、いいかげんにしやがれっていうのよ」（『平凡パンチ』一九八三・三・二四日号）

三年前のこの伏線に加えて、『フライデー』が、その年の八月から事件前の十一月二十一日号までの四ヵ月間に、六回もたけしを取りあげていたのである。その一本の九月五日号には、「ビートたけしの別宅へ通う『美女』あり　十九歳の年齢差越え、五年間続いたフシギ関係」と、愛人問題はしっかり捕らえられていた。

そのあげくに、愛人Ａ子を通っている専門学校まで追い、口先にテープレコーダーを突きつけ、Ａ子が払いのけようとすると、「手首をつかんで車におしつけ、二週間の打撲傷を負わせた」という過剰取材に発展したのである。

〝たけし軍団〟の乱入事件は、ここに起きた。

講談社は、不法に侵入し、問答無用で乱暴を加えたと、隣の大塚署へかけ込み訴えた。たけし一味は一網打尽に逮捕される。

仰天したたけしの所属プロは、「テレビ、新聞などマス・メディア並びに多くの人々を驚かせ、迷惑をかけた」と、しばらくは当人を謹慎させ、発言を自粛させる処置をとったのである。

当代きっての〝寵児〟のパフォーマンスは、後藤田官房長官（当時）の談話までをひっぱり出すことになり、「ビートくんの気持ちも分からないでもない」と、たけし本人に

「ビートくんはないだろう。せめてたけしと言ってほしいね」と苦笑される発言をするまでに広がったのである。

過熱化していた写真週刊誌の取材競争は、時ならぬたけし事件によって、一転、冬の季節をむかえることになった。テレビ、新聞を挙げてのバッシングにあって、写真週刊誌を持つことは「ダサイ」と若者に思われるようになり、写真週刊誌は一気に凋落するところとなった。

〝3FET〟の一角、文藝春秋の「エンマ」がまず脱落し、つづいて小学館の「タッチ」も戦線離脱。写真週刊誌は「フォーカス」「フライデー」「フラッシュ」（光文社）の三F誌だけが残った。

たけしは、傷害事件の被告人として、執行猶予二年付の懲役六ヵ月の判決をうけ、事件の動因をつくった石垣記者も、罰金十万円の科料となった。

この判決の結果、ビートたけしの時代は終わったとみる見方が強まった。

——が、半年間テレビから姿を消したたけしは、この間に中学の教科書で英語と数学と国語、理科をやり直して、考える持続力をつけ、数々のギャグを考えて、再起の日に備えたのである。

このギャグの中に、こうもり傘と消化器をもったたけし軍団が、ある場所へ殴り込みをかけ、

「まだこりてねえのか、おまえは」

と殴られ、「すいません」と素直にあやまるといった「フライデー」編集部乱入事件のパロディーも入っていた。

〝コントもできる前科者〟というタイトルが、再起するビートたけしの、転んでもタダでは起きない芸人根性であった。

復帰後のたけしは、したり顔の面々の予想を裏切って、あらゆるメディアへと怒濤のように進出して、以前にもましてのパワフルな現役であり続けている。

——浅草芸人の破滅願望は、〝天才〟たけしには通用しないようである。

四半世紀前に書いた拙文だが、あえて全文を流用したのは、あぶくのように出現しては消えゆく芸能界の人気者の中で、たけしは消滅するどころか、さらに人気の幅をひろげ、人間力を深めて、トップの座にあることである。

移ろい易い人気稼業は、数年も保てばよしとする分野。それを三十年も維持しているのは「タテマエの社会をホンネで衝く」文字通りの生き方が、受け入れられたからだろう。

時代の追い風もあったが、それを先読みして帆をあげた見事な生き方である。

また、拙文の中でも忘れがたいのは、平成四年七月に発行された河出書房新社『別冊文芸読本・性の文学』に掲載した「チャタレイ・サド・四畳半」だった。

恐縮ながら全文を掲載させていただく。

チャタレイ・サド・四畳半◆ワイセツ文書の裏を読む

落語の三題噺めくが、「チャタレイ・サド・四畳半」の三つの固有名詞に通底しているものがおわかりになるだろうか。

読書に関心の深い人なら、容易に刑法第百七十五条「猥褻罪」の科で、有罪判決を受けた小説のことであることに、気づかされるはずである。

三つの猥褻裁判

昭和二十一年十一月三日に公布された新憲法二十一条に「集会、結社及び言論、出版その他の一切の表現の自由はこれを保証する。検閲は、これをしてはならない。通信の秘密は、これを侵してはならない」と、明記されているにもかかわらず、刑法第百七十五条は、新憲法第二十一条に抵触する、悪名高い条文であった。

その第百七十五条には、次の通りの条文が綴られていた。

猥褻ノ文書、図画其他ノ物ヲ頒布若クハ販売シ又ハ公然之ヲ陳列シタル者ハ二年以下ノ懲役又ハ十万以下ノ罰金若クハ科料ニ処ス販売ノ目的ヲ以テ所持シタル者亦同シ

「猥褻」の解釈が、ここで問題になるが、刑法でいうそれは、「性欲の興奮刺戟又は満

足を目的とする行為で、善良の風俗に反し、人をして羞恥嫌悪の情を生ぜしめるもの」(大審院大正七年六月判例)となっていた。

同じ言葉を『広辞苑』で第四版（一九九一年版）で引いてみると、

「わいせつ〔猥褻〕男女の性に関する事柄を健全な社会風俗に反する態度・方法で取り扱うこと。性的にいやらしく、みだらなこと。

——ざい〔猥褻罪〕公然と猥褻な行為をする罪。猥褻な文書・図画その他の物を頒布・販売・陳列する罪、一三歳以上の男女に対して暴行・脅迫によって猥褻の行為をする罪などの総称」

と記されていた。

「善良な風俗に反し、人として羞恥嫌悪の情を生ぜしめる」云々の大審院の判例。一方、「健全な社会風俗に反する態度・方法を取り扱うこと」という『広辞苑』の解釈にある「善良な風俗」「健全な社会風俗」共に、いかようにも拡大解釈可能な、取締る側の恣意的な判断が容易な刑法であった。冒頭の作品は、この曖昧模糊とした〝ワイセツ罪〟にひっかかり、いずれも有罪判決を受けていたのだ。

罪を問われたのは、D・H・ロレンス作の『チャタレイ夫人の恋人』の訳者伊藤整と、発行者、小山書店代表取締役小山久二郎。

マルキ・ド・サド作『悪徳の栄え・続——ジュリエットの遍歴』訳者澁澤龍彦と、発行者、現代思想社代表取締役石井恭二。

金皐山人戯作『四畳半襖の下張』「面白半分」代表取締役佐藤嘉尚、編集責任者野坂昭如。

つまり、ここに記した文学者、出版・編集者の六人が、「ワイセツ文書販売・同販売目的所持」等の容疑で警視庁に摘発され、東京地検に起訴された上、長期にわたる裁判を経て、有罪の判決を下されたのである。

三つの裁判に共通していたものは、起訴された作品が、斯界で高い評価をえていたものだけに、「ワイセツか芸術か」の流行語を生むほどの注目を浴び、著名の文学者・学者たちがすすんで特別弁護人、証人を買って出て話題の増幅で、出版史上にのこる大事件となった。

とくに、「チャタレイ裁判」は、戦後における〝出版の自由を犯したワイセツ罪〟のモデルケースとなり、以後のワイセツ出版物取締りの「基準」となったために、出版社、著者、販売する側の反面教師的な役割を担うこととなった。

チャタレイ裁判の経緯

『チャタレイ夫人の恋人』は、ロレンス選集の一巻として、昭和二十五年四月、小山書店から初刊一万部でスタートしていた。

最初は地味な売れ行きだったが、新聞や雑誌の評判で話題となったため版を重ね、上巻が二万部になったとき、下巻を初版二万部で出し、五月十日に下巻の再版一万部、上巻二万三千部とつづいて、二ヵ月にして上下十五万五千部に達した。

刑法上のワイセツ文書の疑いで、全国的に摘発、押収を受けたのはその年の六月二十七日だった。東京地検は、九月十二日、ワイセツ文書販売罪の罪名で、出版人の小山久二郎、訳者伊藤整を起訴する。

担当検事は中込陞尚《のりより》。弁護側は、正木旲《ひろし》、環昌一、環直弥のほか、特別弁護人として「チャタレイ問題対策委員会」の長、中島健蔵、英文学者福田恆存が法廷にたった。

最高検の岡本梅次郎検事は、起訴する第一の根拠が「この作品は優秀な文学作品とは認め難い」と裁断した上で、

「『チャタレイ夫人』は現代の広い一般読者に対して、直ちに欲情を刺激興奮させたり、人間の徳性や習性のうえから見て恥ずかしいという観念と、唾棄すべきものであるとの観念を起こさせるに過ぎない。

ロレンスは、道徳を低下させようとするために、この本を書いたとしか思えない。人間と犬を同列において、人と動物と異なる最後の点――つまりモラルを抹殺しようとするものでしかない」

と言い放った。

東京地検の中込検事は、「日本の読者、文化水準がどの程度にあるかが、はっきり掴めないので、『チャタレイ夫人』が公共の利益を侵犯したしたと明示し難い」とことわった上で、

「結論として、強いてワイセツに持っていかなければならないと言うのではない。裁判

の進行につれて、世論がどのような反響を示すか、そしてその最後に、裁判官が、被告と我々との全く反対の言い分を聞いて、その中間のどこに線を引くか、その決定の結果、我々に誤りがあれば改めるに吝かではない」

と、当初は柔軟と思える発言をしていた。

訳者の伊藤整は、「この作品はロレンスが、その晩年にあたって、自分の思想を小説の形ではっきり示そうとする意図を持って書いた小説である」と語った上で、

「作者は人間の肉体の生活は、男女の理解と貞潔さをもっいぇ営まれる限りは、醜悪なものであるはずがないという根本思想をもっているのである。それゆえに、彼はワイセツさということに対して絶対に反対する」

と、検事の指摘する「ワイセツ文」云々に真向から戦う姿勢を示したのだった。

小山書店の社長は、「チャタレイ夫人」を当局が局部的なことのみを取り上げてワイセツと決めつけたことに対し、「性とは正常で健康的なものであるという思想を積極的に述べたのがこの作品であって、性的場面の描写で読者の興味をひこうとする二流作品とは絶対に異なる。芸術品であるとともに、思想の表白書である。先入観なしにこの作品全体を読めば、ワイセツを目的とした作品でないことがよく分かるであろう」と語り、「これを当局が摘発するならば、あくまでも白黒を明らかにするために、我々の主張を主張し続けるであろう。もしも、これが圧迫をうけ、発禁の宣告を受けるとすれば、出版の自由、思想の自由が認められていない事になるので、我々は断じて闘うつもりであ

る」

と答えていた。

第一回公判は、二十六年五月八日にひらかれた。「起訴状」によると、

「（前略）……同著作は優れた社会的環境下に父祖より善良な素質を享けつぎ教養にも欠落することなく、平穏なる生活を営んでいるに拘らず、戦傷の結果、性交不能に陥った夫クリフォードを持つ妻コニイが性交の満足を他の異性に求めて不倫なる私通を重ねる物語を叙述せるもので、内容は、例えば、

一、たまたまクリフォードの許を訪問し、両三日滞在中の反社会的で『下司な』憂鬱にさえ見える痩せた文芸作家マイクリスが発情期の牡犬の如く『牝犬神』の有夫の婦コニイに迫ると、コニイは無反省に且つ盲目的に野性的な肉的慾情に燃えて、直ちにこれをうけ容れた私通性交の情景や、性交による男女の官能的享楽の遅速等を露骨詳細に繰返し描写し、例えば㈠上巻五〇頁下段六行以下五一頁上段一七行迄㈡同八九頁上段一〇行以下九〇頁下段一七行迄。」

云々と、生硬きわまりない悪文を羅列し、その指摘の箇所が「人間の羞恥と嫌悪の感を催ほさしめるに足る」と、ワイセツ文の断定を下したのである。

「チャタレイ夫人の恋人」。

正木弁護士はこの時「起訴状」の誤謬を論理的に細か

く指摘した上で、新憲法第二十一条にある言論出版の自由は大原則であるから、明瞭純粋なワイセツ物のほかは出版は完全に自由だと理解すべきことを当局に認めさせるべく、次のようなやりとりの中で、中込検事から重大な意見を引っぱりだしたのである。

正木 （略）……旧憲法時代と新憲法時代とにおきまして、刑法百七十五条は、先ほどのように時代が変わったから中身も幾らか変動があったとおっしゃいます程度におきまして、取り扱いが時代とともに動いたけれども、本質が変わらないという意味に解釈してよろしいですね。

中込 ワイセツ罪は矢張り法律そのものが変っておらんと思います。ですけれども、立場からというと出版法が廃止になりまして、出版法違反というものがなくなりました。いわゆる従来の風俗壊乱が出版法によって処罰されておった場合もあります。けれどもそれがなくなったために刑法に触れるという結果になる場合もありまして、運用上多少変ってきたと考えられます。

………

刑法のワイセツ罪の考え方というのは、これは終始一貫、時代感覚の多少の相違はありますが、流れておるものです……

正木 つまり新憲法としまして、法律上のなにはウケてないという意味ですか。

中込 そういうわけです。

この問答から炙り出されたものは、出版物で思想・芸術の表現のために必然性をもったものなら、それはワイセツ文書ではない。それを一部の者が、表現が気に入らないという口実で、ワイセツ物の折紙をつけて禁圧するのは憲法違反になる、という起訴をした検事自らが墓穴を掘る解釈を示したのである。

新憲法違反の悪法?

「チャタレイ夫人の恋人」は、以来三十六回の公判を経て、翌年一月十八日、判決が下った。裁判長の相馬貞一は「この訳書は本質的にワイセツ文書ではない、小山は出版および広告のしかたにおいて、悪意はないがワイセツ的な売り方をした」と、小山被告に罰金二十五万円、伊藤被告は無罪としたのである。

東京地検と小山は、この判決を不服として東京高裁に控訴し、二審は二十七年七月九日から十二月十日にわたった。

その結果、一審判決を破棄し、この作品は「ワイセツ文書」となり、小山は罰金二十五万円、伊藤は罰金十万円に処された。弁護側は、最高裁に上告申し立てをしたが、五年後の三十二年三月十五日、上告を棄却され被告人の有罪が確定したのである。

七年にわたる裁判は新憲法下で許された言論と出版の自由が本当のものであるかどうかを明らかにする機会であった。言論を圧殺された戦時下、自費で「近きより」という個人誌を発行してきびしい時局批判をしつづけた正木弁護士は、この裁判によって言論・出版の自由をためす〝実験用の星の光〟たらんとしたのである。彼は、最終弁論で次のように述べていた。

「……新憲法下において、官権が、どの程度まで国民の言論・出版その他一切の表現の自由に対し干渉しうるやという、言論・出版の自由にかんする人類文化史上の最大の問題にかかわっているからであります」と。

これに対し、検察庁と中込検事は、論告求刑の中で検閲制度がなくなったため、ワイセツ文書の取締は極めて困難になった。この機会に最後の一線を守るべく、断平検挙したのだと主張したのである。

問題の箇所を引用しておこう。

「……もし客観的情勢を無視し、検挙を怠るにおいては、検閲制度の廃止を機とし、終戦後極めて困難なる状況においてもなお法の命ずる処にしたがって、極力維持して参りました一般的猥褻文書取締の基準は抹殺されてしまうのみならず、今後におけるこの種文書の取締の拠点はあとかたもなく粉砕されてしまうが如き虞がありましたが故に、最後の一線を画する意味において之を放置する能わずとして断平検挙の手続をとるに至ったものであります」

新憲法で保証された言論と出版の自由を、ふたたび官憲の手で奪い取締という旧憲法へ回帰する言論抑圧への端緒は、ここにできあがったのである。

『チャタレイ夫人の恋人』を刊行した小山書店の小山久二郎は、最終陳述で、「世界的評価や専門的評価が無視せられ、一検察官の杜撰な判断によって簡単に摘発を受けて裁判されるということになれば、正しい判定を受けるとか受けないとかいう事は第二の問題であって、出版業に携わる如何なる責任者も怖気をふるって、新しい仕事に対しては手も足も出なくなるでありましょう」

と、悲痛な言葉を述べていた。

小山書店は、この事件によって銀行の融資がストップされ、一時、倒産の体験を強いられるという企業にとっての死に近い被害を余儀なくされたのだった。

サドと四畳半裁判

チャタレイ裁判によって、ワイセツ文書なるものの解釈は、次の三要件に収斂された。

①いたずらに性欲を刺激・興奮させること。

②普通の人の正常な性的羞恥心を害すること。

③善良な性的道義心観念に反すること。

このワイセツ文書の解釈に則り、澁澤龍彦訳のマルキ・ド・サド作『悪徳の栄え』下巻に十四カ所「性交性戯に関する、露骨にして具体的かつ詳細な描写記述がある」と摘発を受けたのは、昭和三十五年四月のことだった。

出版社は石井恭二が創立したばかりの現代思想社だった。同社は「既成の諸思想が化膿の度合を深めている中で」マルクス主義とアナキズムの融合と交流を出版の理想とした出版社だった。

くだいて言えば、見せかけの進歩思想や文化主義をぶちこわそうとする思想運動を、出版活動の中心に据えた過激な出版社で、その生涯、終始一貫、法律を愚弄し、アナーキーを称揚しつづけたサドの著作を上梓するのにふさわしかった。

訳者の澁澤は、東大仏文科の卒論にサドのテーマにえらんだ非アカデミック体質の書き手だった。

三十五年六月二日に、発行人の石井、訳者の澁澤が検挙され、翌年一月に起訴されたが、澁澤はその直後、新聞インタビューで、次のように語っていた。

「〝ワイセツか芸術か〟という定式よりも先方の真意は、サドは危険思想だからという点にあるようだ。してみれば、それは、〝思想統制のたくらみ〟というべきではないか。……私が法廷闘争を辞さないのは、言論、思想のためのすじを通したいからだ。裁判で勝つか負けるかは問題ではない」

一方、澁澤から提訴を受けた日本文芸家協会は、「本書は文学史のみならず、思想史、心理学、生理学などの研究に不可欠のものである。検察側は最高裁のチャタレイ判決を採用しているが、『チャタレイ夫人』は、その後英米などで公認流布されるにいたった。その論拠は一部の描写によって判断すべきではなく、作品全体の意図によって判断すべきであるというのである。ゆえに学術文芸向上のために必要な文献は、言論表現の自由精神によって守らねばならない」と声明を発表していた。

つづいて、同協会は、言論表現委員会を開いて、弁護人・大野正男、中村稔、新井章、柳沢八郎、特別弁護人・埴谷雄高、白井健三郎、遠藤周作、証人として大岡昇平、吉本隆明、中村光夫、大江健三郎など十一人を選出。真向から闘う姿勢をととのえた。

裁判は芸術性とワイセツ性をめぐって、十七回の公判を経て、三十七年十月十六日、東京地裁は「被告人両名いずれも無罪」判決が決まった。しかし、これを不服とする検察側が控訴、二審では逆転有罪となり、さらに上告審され、最高裁は三十九年十月十五日上告棄却の判決を下し、澁澤は罰金七万円、石井は十万円となった。

最高裁の判断は、「チャタレイ裁判」の判例に沿ったものであった。

文化勲章受章作家・永井荷風作とされている『四畳半襖の下張』を、月刊雑誌「面白半分」に掲載した科で、作家の野坂昭如編集長、青沼繁汎発行人、同社の佐藤嘉尚社長の三人が東京地検に書類送検されたのは、昭和四十七年八月二十一日のことだった。

『四畳半……』は、すでに二十五年八月にひそかに出版したモグリ出版人に対しワイセツ文書の販売を行った罪で、懲役三カ月（執行猶予二年）の判決が下されていた。

その作品を四十七年六月頃、佐藤嘉尚が「面白半分」の編集長を委嘱していた作家の野坂昭如に「一字の削除もなしに掲載してみたい」と相談を持ちかけ、同意の上、公表したものだった。

「起訴状」によると、「被告人両名は、共謀のうえ、（略）昭和四十七年六月二日ころから同年六月五日ころまでの間、（略）『四畳半の襖の下張』との表題で、男女性交の情況などを露骨かつ詳細に描写叙述しているわいせつの文章を掲載した雑誌『面白半分』合計二万八四五七冊を、代金合計二八八万二七六円で売り渡し、もってわいせつ文書を販売したものである」というものだった。

日本文芸家協会は、伊達秋雄弁護士を団長とする強力な弁護団を組み、特別弁護人に作家の丸谷才一をたて、証人として国文学者の吉田精一、文芸評論家中村光夫、作家の石川淳、吉行淳之介、開高健、井上ひさし、五木寛之、金井美恵子、文芸誌編集者寺田博らをくり出して、この小説が永井荷風を理解するための必須な文献であり、すぐれた短編小説で、ワイセツ感どころか「何かスポーツ小説みたいだという印象」（中村光夫）があり、「とにかく非常に文章がうまい……そして、ある種の制約のきいた文体である」（吉田精一）等と証言したのである。

被告の野坂は「ワイセツはお上のもっている一つの手綱で、お上が恣意的にその基準をきめている。つまり、良民と、しからざる存在の区別をつけるための道具に使われている。ぼくらが、お上の告発を受けて立つことによって、言論の自由、表現の自由、出版の自由の現在立たされている現実を、世間にわかっていただく宣伝効果のようなものを狙っている」と述べていた。

裁判というより、大学の文学部の講義を思わせる高踏的な弁護と証言が寄せられたが、東京地検は五十一年四月、編集長野坂昭如に罰金十万円、社長佐藤嘉尚に同十五万円の有罪判決を下し、直ちに東京高裁に被告側が上告した。が、五十四年三月「全体的に好色的興味を主として訴えるもの」として、控訴は棄却され、翌年十一月、最高裁も、①描写、叙述の程度と手法、②文書全体に占める比重、③芸術性、思想性などによる性的刺激の緩和の程度など、今までの裁判には見られなかった具体的な基準を示した上で、「文芸的、思想的価値を考慮しても、好色」の判断を下して、上告を退けたのである。

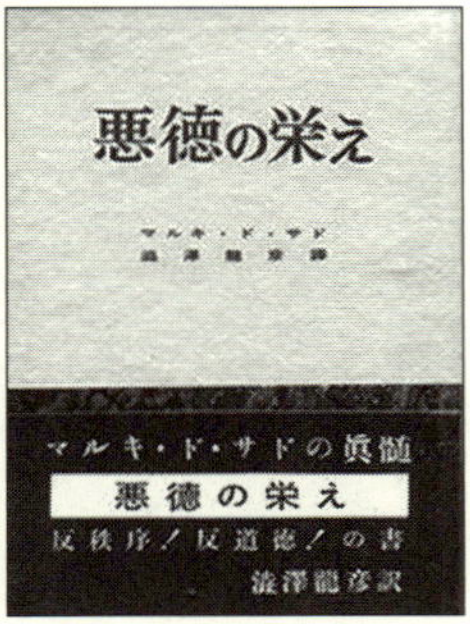

「悪徳の栄え」（右）と「四畳半襖の下張」が掲載された雑誌「面白半分」（左）。

新憲法下、検閲制度はなくなったはずなのに「ワイセツ文書」を判断する隠し砦をのこしたのは、国家権力の言論や出版に対する巧妙なチェック機能を温存させたことになろう。

正木昊弁護士が「チャタレイ夫人裁判」の冒頭陳述でいみじくも述べた憂いが現実となったのだ。

彼は、次のように述べている。

「……今日まで全世界にワイセツ文書によって亡びた国はありませんが、基本的人権、殊に言論出版に政府が干渉することによって亡びた国は枚挙に遑もない……。」

軍神《マルス》に魅入られた世代

軍神《マルス》に魅入られた世代

かえりみると、思考以前の感覚的基礎体験を、満州事変を起点とする支那事変、大東亜戦争とつづく十五年戦争で受けている身であった。

物心が付く幼・少年期がすべて、戦争下にあったわけで、子どもにはまったく理解に遠い〝暴支膺懲《ぼうしようちょう》〟だの〝忠君愛国〟〝挙国一致〟〝堅忍持久《けんにんじきゅう》〟〝八紘一宇《はっこういちう》〟〝一億一心〟〝撃ちてしやまむ〟〝月月火水木金金〟〝鬼畜米英〟〝欲しがりません勝つまでは〟といったスローガン主導の生活を、強いられた日々であった。

小学校の国語の教科書第一頁は、「サイタ　サイタ　サクラガ　サイタ」で始まり、その次には「ススメ　ススメ　ヘイタイ　ススメ」が載せられていた。

「修身」と称する道徳教育の教科書には、二学年で天皇陛下に対し、「シンミン」としてお仕えしなければならないと、次の通りに教えられていた。

テンノウヘイカ

テンノウヘイカハ、ワガ大日本テイコクヲオヲサメニナル、タットイオンカタデアラセラレマス。

テンノウヘイカハ、ツネニ、シンミンヲ、子ノヤウニオイツクシミニナッテイラッシャイマス。
私タチガ、大日本テイコクノシンミント生マレテ、カヤウニアリガタイオンカタヲイタゞイテヰルコトハ、コノ上モナイシアハセデゴザイマス。

「タットイオカタ」「シンミン」「オイツクシミ」など、七、八歳の子どもには理解に遠い言葉であった。私たちの年代は、リアリズムの欠如した幻想国家の、純粋培養教育を強制されていたのである。

軍隊生活の体験こそなかったが、小学校の体操時間に、紅白に分かれて騎馬合戦、棒倒し、藁で作った道具で頭に付けた印を叩き落とすといった戦闘的な競技や、女子も高学年になると、運動会の遊戯なる課目に、明治の日清戦争下に作られた「婦人従軍歌」のメロディに合わせ、赤十字看護婦を思わせるいでたちで舞踏《ダンス》を踊らせていた。

火筒の響き遠ざかる
後には虫も声立てず
吹き立つ風は腥く
紅染めし草の色
………

やがて十字の旗を立て
天幕を指して荷い行く
天幕に待つは日の本の
仁と愛とに富む婦人

軍神《マルス》に魅入られた世代とでも言ったらいいのか。戦争一色に塗りつぶされ、皇民教育を強いられた後遺症は小躯に残った。その名残か、太平洋戦争の戦跡めぐり、戦記ものの耽《たん》読《どく》。戦争資料の蒐集に傾注した一時期もあった。

戦争関連の出版社に、厖大な資料を背景に活発な出版をしている光人社があった。その社の牛嶋義勝常務の知遇を受けるようになったのは、昭和から平成に入った頃だろうか。手始めに戦後を代表する宰相吉田茂伝を乞われ、幸運にも娘の麻生和子に会えて、仕事を間に合わせたことから、以後、同社発行の定期刊行物『丸』別冊「戦争と人物」に執筆機会を与えられた。「全特集・参謀本部と軍令部」「全特集・『玉砕』日本軍激闘の記録」「実戦部隊の最高指揮官　連合艦隊司令長官」など特別号に、重いテーマの一篇を寄稿する流れができた。

常連の書き手は、過半が実戦体験した元職業軍人で、他に執筆陣の範疇にいたのは、村上兵衛、保阪正康、土門周平、生出寿、亀井宏、碇義朗、童門冬二、吉田俊雄、伊藤桂一、戸川幸夫、豊田譲、江崎誠致、佐藤和正、坂井三郎、伊藤正徳といった軍事精通者だった。

それらの驥尾に付しての戦争ものの執筆は、正直に言って任が重かった。

しかし、活字に組まれてしまえば、書き手を離れた一記録となる。戦時下育ちではあるが、実戦体験もない私の〝戦記もの〟は、幸い読者に受け入れられたのか、執筆の注文は続いていた。また掲載されても、書籍化されないかぎり、雑誌に発表された作品は、おおむね読み捨てられる運命にあった。いや、書籍になっても、書いた者の筐底に埃にまみれて残されているのが、せいぜいだったかも知れない。

私の戦争に関わる記録も、この好例と考えられた。だが、不肖の子ほど可愛いの俗言を持つまでもなく、マルスに魅入られた世代の戦記を、筐底から発掘し久し振りに読み返したところ、捨てがたい思いの二篇があった。

その二篇とは、大東亜戦争と呼称した太平洋戦争の劈頭、アメリカ海軍の要衝・ハワイの真珠湾へ、奇襲作戦を断行した連合艦隊司令長官山本五十六大将の〝運命〟に殉じた生涯と、大日本帝国の捨て石にされた沖縄戦である。

沖縄は日本の固有領土で、唯一、地上戦の舞台とされ、本土の楯として玉砕戦に巻き込まれ、七万余の将兵と、無辜《むこ》の民、十数万人余が戦火に斃れ、戦後半世紀を経てなお、アメリカ軍の基地として犠牲を強いられていた。

書いたのは平成八、九年で、今から二十二、三年前になるが、現在も変わりがない状態・情勢にはあるので、全文の収載するを抑えがたくなった。

よって、全文を掲載させていただきたい。

〝運命〟に殉じた連合艦隊司令長官山本五十六

偶像の苦衷

山本五十六海軍大将は、昭和十八年（一九四三）四月十八日午前七時四十分頃、ブーゲンビル島上空でアメリカ戦闘機群に邀撃《ようげき》され、機上で壮烈な戦死をとげた。暗号を解読されての〝謀殺〟であった。

現職の連合艦隊司令長官の死は、五月中旬に大本営から「本年四月、前線において、全般作戦指導中、敵と交戦、飛行機上にて壮烈なる戦死を遂げられたり」と発表された。山本は死後、元帥の称号を贈られ、大勲位功一級に叙せられたが、その死が国民に与えた衝撃は甚大だった。

太平洋戦下、鋭い時局批判の『暗黒日記』を、ひそかに書き綴っていた外交評論家、清沢洌は、その日の日記に次のように記した。

「朝日新聞社前でこれを知り茫然たりだ。これだけ大きなニュースは近頃になかった。……バスの中で女学生の話に、かの女の母親は、ラジオで山本の死を知り、御飯を食わなかったと話していた。暸（注・清沢の長男）の話に、ラジオのアナウンサーが、終わりに泣いた。この事を報告する自由学園の学生がまた泣いたといった。以《もっ》て国民の感情をしるべし。」

また、戦後、『文藝春秋』誌を、〝国民的雑誌〟と謳われるまでに育てた名編集者・池島信平は、両親の出自の地を山本五十六と同じ新潟に持っていた。その親しみに加えて、山本海軍大将を、軍人の亀鑑として尊敬していた。

池島の非公開の日記の昭和十八年五月二十一日（金）には、次のように書かれている。

「昼から帝大へゆき、本郷三丁目の文具屋にいた時『山本元帥戦死』の報をきく、とても愕く。

今度の戦争がはじまって以来の最大の悪ニュースである。社へかえってみると、みな沈痛の色をしてゐる。今度の戦争の並々ならぬ深刻さに、今更ながら気づかずにはをれない。日本よ勝て、勝たずにはおかれぬ、さういった禱《いの》りに眼をつぶらずにはをれぬ《ママ》」

怜悧な評論家と、鋭敏な雑誌記者の日記が示すように、緒戦の勝利に酔い痴れていた国民が、戦いの前途に不吉な翳を感じるようになったのは、偶像と仰いだ山本五十六の死を告げられた時からだった。

連合艦隊司令長官山本五十六の存在は、太平洋戦争下の日本国民にとって、救国の神の化身であった。彼の出自の地、新潟県長岡市では、山本神社建立の声が澎湃《ほうはい》として起こった。清沢洌の日記にもその件に触れ、

「山本神社が長岡に建つ由。

『国を負いて、い向うきわみ千万の、軍なれども言挙せず』

言挙げのみしている陸軍はこれを何と見るか。」

と書いていた。

しかし、山本五十六ほど、偶像化され、神と崇められることを嫌った軍人はいなかった。彼は、自らの〝分〟を心得ていた。国を愛する心情は強かったが、極東の島嶼国・日本の実力も冷静に分析していた。

それ故、太平洋を挟んで対峙する大国アメリカと戦う非を、最も憂慮していた軍人だった。

彼は、大正八年から十年にかけてアメリカに駐在。ハーバード大学で留学生に英語を教えるクラスに籍をおいていた。さらに十四年から昭和三年まで、ワシントンの日本大使館の駐在武官をつとめ、延べ五年近くの滞米生活を通して、アメリカの工業力や生産力の圧倒的な強さを、熟知していた。

「〝運命〟に殉じた連合艦隊司令長官山本五十六」が掲載された「丸」別冊。

昭和十四年八月、山本五十六は海軍次官を経て、日本海軍の作戦上の最高の地位、連合艦隊司令長官に親補された。アメリカを仮想敵国とする大艦巨砲主義に凝り固まった、伝統の海軍である。

彼が連合艦隊司令長官に親補されて一年足らずの間に、陸軍が主導して「日独伊三国軍事同盟」が締結された。

ヨーロッパを席巻しつつあったヒトラーの率いるナチ・ドイツと、極右ムッソリーニのイタリアと手を結ぶことは、イギリスとその背後に控えるアメリカと、戦端を開く危《き》殆《たい》を孕《はら》んでいた。

海軍次官当時の山本は、米内光政海軍大臣、井上成美軍務局長と共に、日独伊枢軸体制に傾く動きに強硬に反対し、右翼に命を狙われる身であった。連合艦隊司令長官に親補された理由の一つに、右翼筋からの襲撃を避ける含みがあった。

海軍次官から離れて、国策に対して発言権を封じられる立場となったが、山本は三国軍事同盟には、あくまで反対の態度だった。しかし、お飾りものの伏見宮軍令部総長と、日和見の及川海相は、ドイツ勝利に眩惑されて、独伊との同盟に賛成してしまった。条約賛成と決めた後、広島湾の柱島泊地の旗艦「長門」から乞われて上京した山本五十六中将（当時）は、海軍首脳者会議の並みいる先輩の大将たちの席で、控え目に、「条約締結の結果としての対米戦の危険と航空兵力の必要性」を、述べるだけにとどまった。

開戦劈頭、奇襲あるのみ

山本五十六は、日本がアメリカと戦った場合、局地戦で勝っても、長期化すれば敗けると分析していた。三国軍事同盟が締結された後、海軍兵学校時代からの刎頸《ふんけい》の友、堀悌吉中将に、その苦衷を次のように述べていた。

「個人としての意見と正確に正反対の決意を固め、その方向に一途邁進のほかなき現在の立場は、まことに変なものなり。これも運命というものか」

懸念し、おそれていたことが、昭和十六年十月、近衛内閣に変わって成立した東條英機内閣のもとで、いよいよ現実のきざしを見せはじめた時、山本は海軍大臣嶋田繁太郎宛に長文の手紙を送った。

その文中で彼は、最後の最後まで、米英との戦争は回避すべき考えを、訴えていた。

「……大局より考慮すれば日米衝突は避けられるものなれば此を避け、此《こ》の際穏忍自重自戒臥薪嘗胆すべきは勿論なるもそれには非常の勇気と力とを要し、今日の事態まで追込まれたる日本が果して左様に転機し得べきか申すも畏《かしこ》き事ながら、ただ残されたるは尊き聖断の一途のみと恐懼《きょうく》する次第に御座候」

と、天皇の聖断による開戦回避を、悲願していたのである。しかし、山本は私情ではアメリカ、イギリスとの戦争回避を願っていても、一旦緩急あれば、四辺海なる日本を守る連合艦隊の司令長官であった。

彼は、嶋田海相宛の書信を次のようにつづけている。

「……そもそもこの中国作戦四年、疲弊の余を受けて米英同時に作戦に加うるに、対ソをも考慮に入れ、欧独作戦の数倍の地域にわたり、持久戦をもって自立自衛十数年の久しきにも堪えむとするところに、非常の無理ある次第にて、これをも押切り敢行、否大勢に押されて立上らざるを得ずとすれば到底尋常一様の作戦にては見込み立たず、結局、桶狭間《おけはざま》と鵯越《ひよどりごえ》と川中島とを併せ行うのやむを得ざる羽目に追込まれる次第に御座候」

山本五十六は、帝国海軍の作戦担当者として、ここで暗喩しているように、驚天動地の戦法ともいうべき、アメリカ太平洋艦隊の根拠地、真珠湾奇襲攻撃をひそかに決意していた。

しかし、山本の腹案は、日露戦争に勝利をおさめた後、明治四十年（一九〇七年）に制定された「帝国国防方針」と「用兵綱領」に真っ向から対立する作戦だった。

日本海軍の仮想敵は、その時以来、アメリカ海軍で、その戦略思想の柱となっていたのは、太平洋を越えて来攻する敵艦隊を、日本近海で邀撃し（ロシアのバルチック艦隊を一挙に殲滅したように）、撃滅しようとするものであった。

「用兵綱領」には、はっきりと次のように述べられていた。

「海軍は開戦の初期に於て速に東洋に在る敵艦隊を制圧すると共に、陸軍と協力してルソン島及び、「グアム」島に在る敵の海軍根拠地を破壊し、敵艦隊の主力東洋方面に来航するに及び、その途に於て逐次《ちくじ》にその勢力を減殺するに努め、機を見て我主力艦隊を以て之を撃破す」

つまり「漸減邀撃《ぜんげんようげき》作戦」を柱とする戦法で、日本海軍は約三十年あまりにわたって、この作戦研究、兵力の設備・艦隊編成、訓練を行ってきていたのである。

この戦法を遵守するかぎり、決戦兵力の主体は戦艦であった。日本海海戦で完勝以来、骨の髄まで〝艦隊決戦〟は戦艦中心の砲撃で勝負が決する作戦思想に、凝り固まった軍令部お歴々の行き着いた先は、「大和」「武蔵」といった四十六センチの巨砲を搭載した「大艦巨砲」に象徴された海軍だったのである。

ところが、早くから航空戦備に着眼し、志願して航空畑を歩きつづけて来た山本五十六は、来るべき戦いは戦艦同士の戦いから、空母を主体とする機動部隊の間で、行われると読んでいた。そして、アメリカと不幸にして開戦となった時、圧倒的な国力差から、絶対に長期戦に持ち込んではならないと考えていた。

ちなみに、昭和十六年当時の日本とアメリカの経済力の差を比較すると、左の表のようになる。

戦いに不可欠な鋼材の一七・七の差も驚きであるが、血の一滴に等価値と目された石油——軍艦を動かし、航空機を飛ばすために絶対必要な石油に至っては、七二一対一という雲泥の差となっていた。しかも日本は、兵力に関する重要資源の大半を、仮想敵国のアメリカ、そしてイギリス、オランダ、中国らの経済圏からの輸入に頼り、あろうことか石油は九〇パーセント、屑鉄は八五パーセントまでがアメリカに依存していたのである。

	日本	アメリカ
石油	一	七二一
鋼材	一	一七・七
GNP	一	一二・七

●昭和16年当時の日米経済力比較

滞米生活五年の知米派の山本五十六は、常に、

「デトロイトの自動車工場とテキサスの油田を見ただけでも、アメリカを相手に無制限の建艦競争を始めても、日本の国力でやりぬけるわけはない」

と言い、さらに日本海軍が三十年越しの金科玉条の作戦思想〝漸減邀撃作戦〟では、間違いなく、圧倒的な国力差のあるアメリカに長期戦に引き込まれ――局地戦では個々に勝利をおさめても――最後は惨敗すると考えていた。

開戦の危機が刻々と迫っている昭和十六年一月七日付の「戦備に関する意見、覚」では次のように述べていた。

「実際問題として日米英開戦の場合を考察するに、全艦隊を以てする接敵、展開、砲魚雷戦、全軍突撃等の華々しい場面は、戦争の全期を通じ遂に実現の機会を見ざる場合等も生ずべく……（中略）従来の研究はこれまた正々堂々たる邀撃主作戦を対象とするものなり。而して屢次図演等の示す結果を観るに、帝国海軍は未だ一回の大勝を得たることなく、この侭推移すれば恐らく、ヂリ貧に陥るにあらずやと懸念せらるる情勢において演習中止となるを恒例とせり。

事前戦否の決を採らんがための資料としてはいざ知らず、いやしくも一旦開戦と決したる以上、かくごのとき経過は断じてこれを避けざるべからず。日米戦争において我の第一に遂行せざるべからざる要項は、開戦劈頭、敵主力艦隊を猛撃撃破して、米国海軍および米国民をして救うべからざる程度にその志気を沮喪せしむることこれなり。」

つまり、広大な太平洋上で、どこから、いつ来攻するかも知れぬ優勢な敵に対して、劣勢な者が受け身に立って勝ち目はない。劣勢な日本海軍が、アメリカ海軍に対し優位に立つためには、危険をおかしても、奇襲によって、敵の主力を叩き、その後も攻撃を持続して、相手を守勢に追い込み、「米国海軍および、米国民をして救うべからざる程度に、その志気を沮喪せしむること」以外にはない。

山本五十六連合艦隊司令長官の作戦は、この論述に尽きたのである。

片道攻撃で突っ込む

開戦劈頭、奇襲の第一目標においた真珠湾は、日本から洋上はるか三千カイリ彼方の、いわば敵の内ぶところともいうべき要衝であった。

こんな遠方に集結するアメリカ太平洋艦隊を、航続距離の極端に短い日本の軍艦が、アメリカをはじめ、他国の艦艇、航空機に発見されることもなく近づける道理は……常識で考える以上、限りなくゼロに近かった。

その困難を推して、山本長官がいつ真珠湾奇襲の決意をしたのか。

真珠湾攻撃時実戦部隊の中心となった第一航空艦隊航空参謀、源田実中佐（開戦当時）は、次のように述べている。

「史実から類推すれば、昭和十五年夏以降ということになる。この年の五月、アメリカ艦隊はハワイ、ミッドウェー海域で大演習が行われ、終了後にアメリカ西岸に帰るはずになっていたのだが、突然とり消されて、真珠湾に常駐することになった。

日本海軍にとってこの事実は、単なる政治的威嚇を目的とするデモンストレーションと考えて、軽視するわけにはゆかなかった。なぜなら、海軍そのものの存亡が賭けられていることにほかならないからだ。従来どおりなら、いざ開戦というとき、アメリカ艦隊が太平洋岸に集合するのに二十日を要し、さらに真珠湾に集中するまでに十日を要する。が、ハワイ常駐ということになれば、優にこの三十日間が節約できる。

真珠湾から日本をにらむアメリカ艦隊、たしかに石油のない劣勢の日本海軍には脅威だった」

胴ぶるいするほどの脅威。アメリカ海軍の威圧感は、もし、ここに集結している艦隊に奇襲をかけ、奇跡的な成功をおさめた時には一挙に殲滅できるわけであった。

アメリカ本土から二千マイル離れたハワイに、太平洋艦隊を集結させたのは、アメリカにも、日本を太平洋の仮想敵国とする「オレンジ作戦」が、一九二〇年から検討されていたからだった。

イギリスはレッド、ドイツはブラック、メキシコはグリーン。そして日本がオレンジと色別に対象国を暗号化した戦争計画から「オレンジ・プラン」は日本を指すことになったが、さてアメリカが日本と広大な太平洋を挟んで戦うとき、どこに主要な海軍基地を置くかが問題となった。

一八九八年の米西戦争でアメリカが獲得したフィリピンにするか、あるいはハワイにするか。陸・海軍の間で協議を続けた上で、一九〇八年一月、ハワイの真珠湾が選ばれ、五月には議会の承認を得て、百万ドルの予算が計上されていた。

オレンジ計画は、さらに日米英の主力戦艦の建艦数を制限するワシントン条約の発効によって練り直され、一九二四年の「新オレンジ計画」になると、明確に日本を敵として、次のような書き出しではじまっていた。

「①現在予想される限り、アメリカが巻き込まれ、太平洋を舞台におこる戦争は、日本との戦争である。（中略）

③この戦争における陸海軍の第一の主要関心事は、日本に勝る国力で西太平洋にいち早く、アメリカの制海権を確立することである。

④制海権の確立は、全アメリカ艦隊を収容できるような前進基地を西太平洋に設置できるか否かにかかっている。

⑤マニラ湾は、われわれにとって西太平洋の要であり、前進基地として最適である。（以下略）」

この時点では、対日戦においてマニラをアメリカ太平洋艦隊の要、前進基地として最適との基本的な考えだったが、十五年後にはハワイの真珠湾を太平洋の最高の要衝とする考えに変わっていた。

山本五十六は、昭和十六年に入って、九州鹿屋基地の第十一航空艦隊参謀長・大西瀧治郎少将宛に、美濃紙の罫紙三枚に、墨跡あざやかな極秘の手紙を送っていた。

有明湾で艦隊の訓練が終わった源田実中佐に、航空畑の先輩である大西少将から「重大な要件があるにつき、単身にて鹿屋基地に来られたい」の旨の書状が届いたのは、一月下旬だった。

大西から源田が見せられたのは、山本長官の手紙だった。

「枚数にして三枚、とくに肩をいからしたような文章ではなく、淡々と要件のみが綴られていたが、読みすすむにつれてその内容は私をまったく慌てさせた。背に冷たいものが走るのを感じさえした。両頬のあたりが寒かったのは、おそらく顔色が変わっていたためではないかと思う。（中略）

『――日米開戦の場合は、ハワイ方面の米国艦隊を撃滅しなくては、絶対に勝てる見込みはない。そうしても最終的勝利の確信はないが、この作戦だけ絶対不可欠のものである。

この攻撃には第一、第二航空隊をあてる。それ故にこれが可能かどうか研究してみてくれ』」

源田の記憶によると、文章の大意はこのようなもので、さらに、

「『攻撃は片道攻撃とし、目標は戦艦とする。攻撃部隊の責任者は、連合艦隊長官の職を辞して、不肖山本が直接これに当る』という驚嘆すべき内容がこれに書いてあった。」

と述べている。

空前の賭けに出た真相

「開戦劈頭、真珠湾を奇襲する」

連合艦隊司令長官山本五十六の動かし難い決意は、昭和十五年、十六年の間に固まっ

たものと考えられる。しかも、信頼する大西少将に示した手紙には、「片道攻撃の総指揮を自らがとる」との決意を披瀝していた。

源田実は、戦艦を攻撃目標とし、虎の子の味方の空母を助けるために、片道で突っ込んで行くという提案が図りかねた。それで、

「目標は戦艦というのは腑におちません。目標はあくまで空母だと思います。それと片道攻撃というのは一体なにを意味するのでしょうか」

と、大西少将にたずねたのだった。少将はすぐ打って返すように、破天荒と考えられる山本長官の心を忖度《そんたく》して、次のように説明したのだ。

「お前の考えはよく判る。俺もそう思った。しかし長官は全然別のことを考えておられるのだ。開戦の初頭から片道攻撃をやる。こんな馬鹿げた戦争をやる国民がどこにある。さあ、そこだ、そこのところだな、相手に与えるそうした心理効果をねらっていられるのだ。日本人というやつは無茶苦茶な戦をする、こんなのを相手に当たり前の戦をしたら馬鹿をみるぞ、とアメリカ国民に思わせる。それが戦争を終わらせるかも知れぬ。戦争は亡国に導くと考えている長官は、そこをねらっておられるのだ」

精神論者の源田は、大西のこの言葉に鮮烈な感動を受けて、身を震わせて次のように述べたという。

「わかりました。戦艦を沈めるのも、同じ意味なんですね。アメリカ国民に緒戦にして戦勝の夢を挫く。誇りを失わせて、戦わずして戦さを終わらせる……参謀長、長官は実

に偉いお方ですな」

山本の破天荒の術策に、アメリカがはまる保証はどこにもなかった。また、真珠湾に突っ込んだ時、敵の太平洋艦隊の主力が、都合よく停泊している公算があるわけではない。

それを頭からすてて、緒戦にして一撃、戦いを終わらせるという作戦は、考えようによっては限りなくクレージーだった。

その発想はどこから出たのか。衆知の事実となっているが、山本五十六は、勝負ごとが好きで並々ならぬ博才の持主だったという。

暇さえあればブリッジ、玉突き、ルーレット、将棋、麻雀など、あらゆる賭けごとに目がなかった。大正十二年、欧米視察に井手大将の供をして行った途次、モナコのカジノで遊んで、ルーレットに勝ちまくり、あまりの勝負運の強さに、入場を拒否された〝世界で二人目の男〟の記録をつくったという伝説があった。

風説にしろ、この〝モナコ伝説〟は勝負に眼のない山本五十六の自慢のタネであったようで、彼は若い海軍士官に、ブリッジをすすめ、「賭けごとに打ち込むと先が見えるようになる」と語っていたと伝えられる。

そのココロは、賭けごとは勝負の有無にかかわらず、冷静にモノを判断する修練ができること。チャンスを狙って、相手の弱点を衝く修練ができること。いま一つは、大胆にして細心の習慣をを身につけることができるという〝勝負ごとの三徳〟だった。

えてして、勝負ごとは、負けがかさむと熱くなって、山本の説えるギャンブル哲学の逆を行き、身の破滅に連なるものだ。が、山本は自らの体験を通じて、〝勝負ごとの三徳〟を推賞してやまなかった。

ところが、山本五十六と親しく勝負の手合わせをした者は、彼の戦いぶりはブラフ（はったり）が強かったと述懐している。ポーカーなどの賭けごとで、大きな手を仕掛けてブラフをかまされると、相手はビビって降りてしまう。が、何回か手合わせすると、最初は効くけど、二、三回慣れると効かなくなったというのである。

真珠湾の奇襲が、まさに山本五十六の得意とする緒戦のブラフに外ならなかった――と説く者もいることから見て、投機性の極めて高い攻撃だったことがうなずける。

いま一つ、彼の性格が医学上から見て「躁鬱《そううつ》性」だった？という点も、太平洋戦争の緒戦の大勝から、半年後のミッドウェー海戦の大惨敗に、何らかの翳《かげ》を落としていた不安を抱かせるのである。

この躁鬱性説は、東京新聞・戦後50年取材班がまとめた『元連合艦隊参謀の太平洋戦争』に明らかにされていて、問題の件は次のように述べられている。

「――日本海軍、そして連合艦隊といえば、山本五十六大将（元帥）です。千早（正隆）さんは連合艦隊司令長官時代の山本さんに仕えられていますね。

千早氏　昭和十五年十一月から約十ヵ月間、連合艦隊旗艦『長門』の時代です。当時、私は山本さんを崇拝していたから、その人柄をよく観察していました。私の山本像を要約すると、あの人は躁鬱性なんです。

十六年十二月、真珠湾をやるときまでは躁なんですよ。だからいろんな反対意見があっても、自説を貫いて堂々とやっています。ところが、翌年のミッドウェーのときは鬱なのです。大変、落差が大きいんですね」

アメリカの仕掛けた罠

これは、容易ならざる指摘である。

宮城音弥の『性格』（岩波新書）をひもどくと「躁鬱性」の特徴として、躁鬱質全体に通ずるものとして、「社交性、親切、善良、温和」があげられ、躁状態の時の性質として「陽気、活発でユーモアに富み、熱烈」、逆に鬱状態に落ち入った時の性質として「陰気、もの静か、不活発、気が弱い」と書かれている。

つづけて「躁鬱性の人間は熱しやすいが、いわゆる神経質ではない。怒るけれどもけろりとして根にもたない。悲しむ場合も同様である。皮肉なあてこすり、といったものはあまり口にしない。突然に気分が変わるということはなく、陽気な時期が、数日、数週、数ヵ月もつづいてから、陰気な時期がくるというように、気分が大きな波を描いて変化する（周期は人によってさまざまである）。」

これはあくまで躁鬱性を一般的にみた心理学的な分析であり、山本長官の人間像にかならずしもイコールするものではない。が、彼の言行録や、エピソードにみちた人となりを集成してみると、ここの挙げられた特徴にかなり近い性質が見られるようである。千早正隆の山本五十六への思い出は、さらにつづき、「鬱」に近い時期を次の通りに語っている。

「私は戦後ずっと、山本さんがいろんな人に出した手紙を捜し出して、書き写しています。それを見ると、ミッドウェー海戦直後の手紙に『あまり、いいことはないだろう』と書いている。

また、昭和十七年三月のある日は、航空屋の桑原虎雄少将が転勤のあいさつで山本長官を訪れたとき『今、戦争を収拾するには日本が手に入れたものを全部吐き出す必要がある。だが、それをやる日本の政治家はいまい。だからわれわれは艦上で切り死にしなければならないのだ』と話しています。さらに、出撃直前に恋人を広島県の呉に呼び『今生の別れ』をしていますね。

——ちょっと、その辺のところが理解しがたいですね。そもそもミッドウェーは、勢いに乗る連合艦隊が敵を決戦に引っ張り出そうとしたわけでしょう。いよいよチャンス到来と……。

千早氏　確かに、おかしいんです。落ち込んでいるんですね」

長い引用になって恐縮だが、戦後50年目の八月十五日に発行された元連合艦隊参謀・千早正隆の太平洋戦争と、山本五十六大将の回想には、幾多の衝撃的な事実が語られているのである。

山本長官は、日本海軍の作戦を指揮する立場にあった。政治家は、戦争をいつ終わらせるか、切り上げ時はいつかを判断し、決断する責務を担っていた。

山本が真珠湾奇襲に「一か八か」の勝負を挑み、アメリカ太平洋艦隊の主力、戦艦八隻を撃沈、撃破した時、戦いを収拾する潮時だったのかも知れない。或いは、イギリス海軍の誇る新鋭戦艦プリンス・オブ・ウェールズとレパレスを空からの攻撃で撃沈し、東洋の牙城と誇ったシンガポールを落とした時あたりが、山本長官の言う「日本が手に入れたものを全部吐き出す」覚悟で、連合軍側との戦いの収拾を図るべきだった。

だが、緒戦の勝利に酔い痴れる日本の軍部と政治家に「手に入れたものを全部吐き出す」という、考えようによっては降伏に近い条件で、敵方に講和を乗り出す者は、山本が言うように誰一人いなかっただろう。

昭和天皇にしてからが、緒戦の大戦果に「よくやる。うまく行きすぎるんではないか」といった喜びのお言葉を、側近にもらされたと伝えられている。

まして、アメリカと石油で七二一対一の差、鋼材が一七・七対一の差――GNPにおいて十三分の一弱とも知らぬ軍国主義者に、マインド・コントロールされていた日本国民は、山本の憂慮を知ったとしたら、間違いなく彼を偶像の座からひきずり落とし、その意を体して講和にのり出す政治家の徒輩は、八つ裂きの刑にしたことだろう。

三年八カ月後、三百万人余の戦いの犠牲者と、海外に日本が手に入れたすべてのものを失って、無条件降伏の屈辱に「耐えがたきに耐え」ざるを得なくなった冷厳な現実を思う時——昭和十六年十一月二十六日のアメリカ・ハル国務長官の最終通告を、前向きの姿勢で受け入れておく度量が肝要ではなかったのか。

何故なら、太平洋戦争の帰趨が敗戦後「ハル・ノート」に示された通りになるのだからだ。先見性に富んだ山本五十六は、それを見越して、個人的意見では、戦った場合「長期に及べば必ず敗ける」ことを予告し、アメリカとことをかまえるべきではないとの考えを、数々の私信、提言の中で暗喩しつづけていたのである。

愚者の後知恵のソシリを覚悟の上で、五十四年前に、日米両国間の紛争を解決するために、提案してきた「ハル・ノート」の骨子を、再確認してみたい。

一切の外交的辞句が省略された、喧嘩腰の「ハル・ノート」には、新しい日米通商条約の締結と、相互に資産凍結を解除するためには、日本は次の諸条件に同意すべきこととして、五項目の当時としては言語に絶する要求を、つきつけてきていた。

一、日本は中国より全部隊を撤退させ、日支戦争における完全な敗北を認めること。

二、日本は仏印から同様に撤兵して、経済封鎖に屈服したことを暗黙のうちに認めた上、今後は仏印の主権を侵さぬよう、これを尊重すること。

三、日本はフィリピン、ソ連領シベリア、蘭領東インド、中国、タイ国が攻撃されないように保証すべき実際効力のある多辺的不可侵条約に参加すること。

四、日本は中国及び満州国において日本がつくり上げた傀儡政権を廃止し、中国においては蔣介石政府以外のいかなる政権も支持しないことを米国に公約すること。
五、日本は日独伊三国同盟条約に規定された独伊両国に対する義務を事実上、廃棄すること。

この「ハル・ノート」に対し、日本は宣戦布告の形で回答してくることを、確信していた。それがアメリカの思う壺であったからだ。

山本五十六の率いる機動部隊によって、真珠湾で手痛い目にあったアメリカ太平洋艦隊駆逐艦部隊司令官・ロバート・A・シオボールド海軍少将は著書『真珠湾の審判』（中野五郎訳）の中で「ハル・ノート」について、次のように述べている。

「これらの米国側の提案した解決案には、外交的な品位というものは微塵もなかった。日本側の提案してきた解決案に対して、もっとずっとおだやかな断り方をしたところで、日米交渉を決裂させる点では同様の結果を齎したことであろう。ただルーズヴェルト大統領としては、米国側の通告に対する日本の回答が宣戦布告であることは絶対、確実であるように切望した。と結論を下す他はないのだ。彼らはその目的を達するために、外交官の礼装用の細い長剣を用いずに、先端に鉄をはめた棍棒を握ったのであった」と。

『真珠湾の審判』よると「ハル・ノート」を日本に手交する前日、ルーズヴェルト大統領は、ハル国務長官、スチムソン陸軍長官、ノックス海軍長官、マーシャル陸軍参謀総長、スターク海軍作戦部長らを集めて、会議を開いているが、その席で大統領はただち

に対日関係を議題にのせた。ハルはすぐ発言を求め、

「日本は攻撃の身構えをしており、いつなん時攻撃してくるかもわからない」

と、懸念を表明した。

ルーズヴェルトは、鼻眼鏡の奥の老獪な眼を光らせて、この時、

「日本は予告なしに奇襲攻撃をやることで悪名が高い。われわれは例えば来週の月曜日にでも攻撃されても不思議ではない」

と述べていた。

その議題をめぐって、「敵が攻撃してくるとわかっているのを、手を拱《こまね》いて待っているのは、常識からみて賢明ではない」との説が出る。が、日本軍に先制攻撃をかけられるのは危険であるが「アメリカ国民から全幅の支持を得るためには、日本側に最初の一発を発射させるべきだ。その立場に追い込むためには、どのような手段をとるべきか」といった白熱した討議が行われたことを、明らかにしているのである。

まんまと、老獪なルーズヴェルト大統領の権謀術数主義《マキャベリズム》に日本はのせられてしまったわけである。国際感覚の欠落した単細胞の軍人、有象無象の政治屋徒輩の幅をきかす一九四〇年代の当時では、開戦のカードを切って、国家的自殺の道を進む以外に、選択肢は見えなかったのであろう。

知米派の山本五十六連合艦隊司令長官の無念や、思うべし！


（2月別冊　戦争と人物⑲）

捨て石にされた沖縄玉砕戦の痛恨

寝業《ねわざ》戦法で戦う

米軍が、日本固有の領土、沖縄本島に上陸を開始したのは、昭和二十年四月一日の朝である。上陸に先立って、〝鉄の暴風〟と呼称される一〇万発余の砲爆弾を、海と空から上陸予定地の嘉手納近辺に、撃ち込んできた。

この日、沖縄本島周辺に集結した米軍は、太平洋戦下の、一戦場に投入された戦力では、空前絶後の兵力だった。艦船一五〇〇隻――うち戦艦二〇隻、空母一九隻、艦載機二〇〇〇機――陸上攻撃兵力、七個師団の約一八万二〇〇〇名、予備を入れると二七万名という大軍で、海軍力だけでは、〝史上最大の作戦〟と誇称されたノルマンディ上陸作戦を上まわっていた。

これを迎え撃つ日本軍は、牛島満陸軍中将麾下《きか》の第三二軍将兵八万六四〇〇名と、現地召集の防衛隊員、一五歳前後の中学生、女学生で編成された鉄血勤皇隊やひめゆり部隊であった。将兵の員数にしてからが米軍の三分の一以下で、肝心の火力装備は雲泥の差であった。沈着悟道の牛島軍司令官、勇猛果敢な長勇参謀長の下で、第三二軍の高級参謀をつとめた八原博通大佐は、彼我の戦力の差、二重三重にアメリカ太平洋艦隊に包囲された島嶼を守備する最善策として、〝寝業戦法《ねわざ》〟ともいうべき、徹底した築城で臨む戦法を、具申したのだった。

八原大佐は、『沖縄決戦』で、その件を次のように述べている。

「アメリカ軍は、圧倒的に優越した物量をもって、我を攻撃してくる。わが軍が貧弱な物量をもって、真正面から対抗するのは、柔道の立業《たちわざ》をもって、拳闘に対抗する愚と同一である。敵の艦砲射撃、爆撃砲撃および戦車攻撃は、敵の物量屈指の主要な手段である。我々としては、もし寝業戦法により、敵をしてその手法を揮うになからしむることができたならば、実に幸いである。

曰く『それは実に築城である』」

八原高級参謀は、沖縄島という巨大な不沈戦艦の地の利を活かすことにより、死中に活を求めようと、地下洞窟陣地にひそみ、専守防御態勢で、長期の持久をはかる戦法を編み出したのである。

ところが、日本陸軍には、伝統的に白兵戦至上主義ともいうべき、一にも二にも攻撃して、いさぎよく玉と砕けるのをよしとする精神があった。しかし、圧倒的な火力を誇る米軍に、劣悪な武器を手に突撃を仕掛けたところで、瞬時に殲滅させられることは明らかだった。

「捨て石にされた沖縄玉砕戦の痛恨」が掲載された「丸」別冊。

八原高級参謀のこの戦法は、容《い》れられるところとなって、サンゴ礁の堅い岩石を掘り進めた地下洞窟陣地が着々と整えられた。洞窟を支える杭木は、島の北部森林地帯から二〇〇万本を運んで間に合わせた。強固な地下洞窟陣地は、一トン爆弾の直撃にも耐えうるものだった。

首里東西を走る島のくびれた部分を主陣地帯とした複廓陣地は、事実、米軍が上陸後、見事な防御力を発揮することになった。

緒戦で作戦の乱れ

その日、激烈な艦砲射撃と空からの猛爆についで、水陸両用戦車を先陣とする米軍の上陸部隊は、千数百隻の上陸用装軌艇で、五波から七波になって、北・中飛行場に面した嘉手納海岸に殺到してきた。

太平洋戦域で戦ってきたベテランの米兵たちは、日本軍の常として、上陸軍に猛烈果敢な万歳突撃を行って来ることを覚悟し、恐怖に体を震わせていたが、沖縄上陸作戦では、なんとも不思議なことに、日本軍の砲撃はほとんどなく、海岸には地雷も障害も、敷設してなかった。

あまりにもあっけない上陸成功に、米軍は日本軍が巧妙なトリックを仕掛けているのではないかと怪しんだほどだった。

上陸たけなわのその頃、首里台上には牛島軍司令官以下、第三二軍の首脳陣が、那覇港沖から残波岬にかけて、海面を艦船で埋めた米軍の圧倒的な物量と火力に目を見張り、大波が押し寄せるように、海岸に殺到する上陸軍を望見していた。

八原高級参謀の『沖縄決戦』の序文には、簡潔端正な文章でその様子が、次のように記述されている。

「午前八時、敵上陸部隊は、千数百隻の上陸用舟艇に搭乗し、一斉に海岸に殺到し始めた。（中略）敵将シモン・バックナー将軍の率いるアメリカ第一〇軍主力の四個師団は、かくして続々上陸中である。彼らは、アッツ以来、太平洋の島々の戦いで繰り返されてきた日本軍の万歳突撃を当然予期していたであろう。

だが、いま首里山上に立つ日本軍首脳部は、全然その気配を見せない。何故だろうか？我々日本軍は、すでに数ヵ月来、首里北方地帯に堅陣を布き、アメリカ軍をここに誘引し、一泡も二泡も吹かせる決意であり、その準備は整っているからなのだ。状況はまさに予想した通り進行している。我々は敵が、嘉手納に上陸した後、南下して来るのを待っておればよいのだ。

牛島将軍や、参謀たちが、自信満々、毫も動ずる様子がないのは、当然である。彼らには、いささかの不安や疑念もなく、強大な敵と戦いを交えんとする壮快さに武者震いをしているのだ。」

八原大佐の記述のように、ここまでは沖縄防衛戦に日本軍が展開した戦術通りであった。が、無防備に近い海岸に、必死に上陸している米軍を「杖を失った盲人が、手探りに溝を越える格好に似てとてもおかしい」と、ヤユまじりで見ていた日本軍首脳部の自信は、一転早くも崩れはじめる不安に、逢着したのである。

『沖縄決戦』には、問題の件が次のように書かれている。

「このとき、空を切ってあがいているアメリカ軍を揶揄半分に眺めてる日本軍首脳部に、急に重大な不安が生じた。それは友軍機が一機もこの戦場に姿を見せないことだった。大本営の作戦方針によれば、沖縄に来攻する敵を撃滅する主役は、わが空軍である。わが第三二軍は端役に過ぎない。しかも敵撃滅のチャンスは敵上陸部隊が未だ上陸せず、洋上に在るときだと、しばしば公言している。（中略）だとすれば、今こそ嘉手納沖に蝟集する敵輸送船団を、万難を排し、総力を挙げて集中攻撃すべき千載一遇の好機ではないのか。昼間の特攻は敵機の攻撃を受け、実行不可能だ、など呑気なことをいうべき秋ではない。だが、ついにわが特攻は、姿を現さなかった。」

現地第三二軍と、最高統帥部大本営の緒戦における重大な作戦の齟齬は、沖縄戦を玉砕に追いやる決定的な要因となった。

八原大佐は、そのあたりを、怒りをこめて次のように書く。

「実に奇怪な沖縄戦開幕の序幕である。（中略）アメリカ軍は、ほとんど防備のない嘉手納海岸に莫大な鉄量を投入して上陸する。敵を洋上に撃滅するのだと豪語したわが空軍は、この重大な時機に出現しない。（中略）

日米両軍の間に、また味方においては空軍と地上部隊相互の間に、思考と力点があまりにも食い違っている。何故にかくの如き結果になったのか。そしてその後の戦闘に幾多の重大な影響を与えるに至ったか。」

北・中飛行場を奪回すべし

米軍が沖縄上陸の至急報は、大本営に即刻伝えられていた。

大本営参謀種村中佐は、その日の公務日記に、次の通りに記していた。

「二十年四月一日

米軍はついに沖縄本島にとりついた。朝来天地を震わすような艦砲射撃の掩護の下に午前八時半ごろから本島西岸に上陸を開始し、正午頃には早くも二つの飛行場を占領、薄暮ごろには五万名の兵員を揚陸したという。同島のわが軍は第三二軍司令官・牛島満中将の指揮する第二四、第六二師団及び独立混成第四四旅団であり、敵を島の中央部に引き寄せ遊撃戦をやる計画である。

二十年四月二日

本日、宮中で大本営の作戦連絡があり、総理、陸海軍大臣が列席し、次のような応答があった。

総理『沖縄の戦況の見透し如何』

宮崎第一部長『結局、敵に占領せられ、本土来寇《らいこう》は必然である』」

上陸二日目の最高統帥部の作戦連絡会議で、参謀本部第一部長だった宮崎周一中将が、このような見解を明らかにしているのは、沖縄作戦は、結局、この島が本土来寇までの時間かせぎ――捨て石にすぎなかったことを物語っている。

米軍は、上陸第一日の夕刻までに、嘉手納飛行場を、不時着に支障のないように整備していた。第三二軍は、大本営と第一〇方面軍に、北・中飛行場が占領された旨を報告。後退に当たり、爆破、破壊したが、米軍の機動力をもってすれば、短時日に修理可能とおもわれるとみて、米軍が上陸基地を使用しえないここ三日間に、空からの徹底攻撃を、重ねて要請したのである。

この報告に大きな衝撃を受けた大本営陸軍部作戦課は、第三二軍の作戦がきわめて消極的で、兵力温存主義に陥っているのではないかと疑い、「敵に出血を強要し、北・中飛行場地域を再確保すべし」の要望電を起案した。

圧倒的な物量を誇る米軍の戦力を知らばこそ、いや知ったところで〝大和魂〟の精神力で戦うことを強いる、常套的な大本営の考えだった。宮崎作戦部長は、かつて第一七軍参謀長として、ガダルカナル作戦の指導にあたった時、現地の実情に合わない大本営の、無謀な干渉を受けて、困惑した経験があった。

その苦い経験から、「現地の作戦実行は、現地指揮官の責任に一任すべし」の信念に基づいて、大本営作戦課のこの要望電を握りつぶした。彼は攻撃したところで、鎧袖一触される現実を熟知していたからだ。

しかし、第三二軍の直接の指揮官である第一〇方面軍司令官安藤利吉大将が、固陋《ころう》な水際撃滅思想の主張者であったため、なすこともなく北・中飛行場を米軍に占領されたまま、奪回のための攻撃に転ずる様子のない現地軍に切歯扼腕の末、四月三日、方面軍参謀長電で、飛行場奪回の催促をしたのだった。

いちどは、宮崎作戦部長に飛行場の再確保要望を握りつぶされた大本営陸軍部も、翌四日午後、参謀次長名で「沖縄方面の航空作戦遂行のためにも、北・中飛行場の制圧は重大な意義あり。これが制圧に関して万全を期せられたし」と打電したのである。

さらに、米軍をその上陸前と上陸の時点で急襲打撃する、「天一」号作戦を計画していた大本営海軍部および連合艦隊司令部は、敵が北・中飛行場を利用するようになれば、米機動部隊の捕捉殲滅はもとより、航空決戦の遂行も不可能になると、連合艦隊参謀長電で、第三二軍長勇参謀長あてに、次のような電報を打電した。

「天一号作戦の成否は敵が北・中飛行場の使用を開始する迄に敵上陸船団に対し、徹底的打撃を与え得るや否やに懸る……一方、敵の機動部隊（正規空母群）の行動期間は従来の例に徴するも約一〇日間を越えざる見込みにして、此点我の乗ずべき唯一の弱点なり。……従って、貴軍に於いては既に準備中とは存ずるも、茲《ここ》一〇日間敵の北・中飛行場の使用を封ず為あらゆる手段を尽し、右目的達成せられ度。之が為、主力を以て当面の敵主力に対し攻勢を採られんことを熱望する次第なり。」

ここに来てのあいつぐ大本営、方面軍、連合艦隊司令部からの第三二軍への要望は、八原大佐のたてた組織的陣地による持久作戦を根本的にゆるがすことを意味した。

作戦を成功させるためには、作戦目的が明確に統一されていなければならない。それを、沖縄戦では、持久作戦と考える現地軍と、航空決戦を優先させようとする大本営との間に、根本的な認識のズレからくる対立があり、作戦の準備段階からはじまって、米軍上陸を迎えた緒戦から大きな亀裂を生むことになった。

洞窟陣地の持久戦

抵抗らしい抵抗も受けずに上陸に成功した米軍は、事前の猛爆と砲撃の〝鉄の暴風〟を見舞うことによって、「日本軍はあらかた壊滅してしまった?」の楽観論さえ抱いたほどだった。

それが、まったくの幻想であったことを知るのは、上陸した西海岸から東海岸の中城湾に至る島の狭隘部を北と南に横断し、首里方面の日本軍の主陣地線の北方に当たる嘉数、前田、南上原の高地を攻撃しはじめてからだった。

米軍の攻撃矢面に立ったのは、中島少将麾下の旅団主力独歩一一、一四大隊だった。この高地帯は、軍主力北面陣地の骨幹を成す要地で、数十メートルの断崖が屹立し、遠く島袋、桑江付近の敵陣の動向を俯瞰する絶好の地の利を備えていた。

それだけに、逆に敵の手に陥ちると、第三二軍の拠点、首里の攻略は容易であった。日本軍はここの天然の要害の洞窟陣地に拠って、砲爆撃の間は洞窟にひそみ、敵が前進してくると、至近距離まで引きよせて、必中の狙撃を浴びせ、戦車が接近するや、一〇キロ火薬をつめた木箱を背負って体当たりで爆破するなど、文字通りの肉弾戦を繰りひろげた。

米軍の第一〇軍司令官のバックナー陸軍中将は、一日二、三〇メートル進むのがやっとで、しかも死傷者が増大する洞窟陣地を攻めあぐんだ末、ただ一撃で撃破せんものと、四月九日、強大な総攻撃をかけてきた。

ロバート・シャーロッドの『太平洋戦争』「沖縄島の大攻囲戦」には、その折の総攻撃の規模を次のように記している。

「すなわち彼は、砲兵二七個大隊（大砲、計三二四門）の砲列をしき、また掩護作戦中のアメリカ艦隊の戦艦六隻、巡洋艦六隻、駆逐艦六隻の艦砲射撃を使用した。さらに彼は海軍航空隊と海兵航空隊の爆撃機六五〇機を出動させて、日本軍の防御線に猛爆を加え、単一地点にたいする爆撃任務にじつに一三九機も出動させたのであった。かくてわずか四十分間のうちに、一万九〇〇〇発の砲弾が首里の日本軍陣地へ雨あられのごとく射ちこまれた。しかし、この大砲爆撃の後につづいて進撃したアメリカ軍三個師団は、日本軍の防御線を突破することができなかった。」

米軍は、この時、莫大な鉄量と炸裂によって、日本軍は撃滅されてしまったか、それとも茫然自失の体であろうと期待していた。が、日本軍は洞窟内の深くに潜んで、ほとんど無傷のままふたたび戦闘配置につき、肉迫してきた敵を撃退してしまったのである。

第二四軍砲兵指揮官シーツ将軍は後日、

「この朝の準備砲撃では、いったい敵兵を一九〇名殪《たお》したとでもいうのか。それとも一〇〇発で一名殪したとでもいうのか、疑問に堪えない」

と慨嘆している。

敵将のこの嘆きに明らかなように洞窟陣地に拠っての強靭な持久戦術は、順調に推移していた。ところが、大本営をはじめ各方面からは北・中飛行場の奪回要望の電報、建軍以来の勇猛果敢な攻撃精神を喚起する矢の催促が、ひきもきらなかった。牛島司令官は、理性を超越した攻勢論に押されて、やむをえず四月中に二度にわたる総攻撃の決断を下した。が、諸般の事情で中止せざるをえなかった。

追い詰められた総攻撃

いちどは抑えたものの、日本軍の攻撃至上主義は、日ならずして第三二軍の司令部の積極派の参謀たちによって、またもや頭をもたげてきたのである。彼らは、専守防衛論者の八原高級参謀を一人蚊帳の外におき、長勇参謀長をそそのかして、五月四日黎明を期して総攻撃に討って出る密議を固めたのだった。

八原大佐の前に、長参謀長が突如として顔を見せたのは、四月二十九日の早朝だった。

参謀長は思いつめた表情で、

「八原君……君と僕とは常に難局ばかり指し向けられてきた。そしてとうとうこの沖縄で、最後の関頭に立たされてしまった。君にも幾多の考えがあるだろうが、一緒に死のう。どうか今度の攻勢には、心よく同意してくれ」

と言って、はらはらと落涙したのである。

直接の上官に落涙されて、八原大佐は、もはや周囲の声にこれ以上、専守防衛の持論を守るのは難しいだろう、と判断した。攻勢の帰趨はあまりにも明らかだったが、大佐は承知せざるをえなかった。

八原高級参謀は、あらためて総攻撃計画を立案し、部下の長野参謀をして、長参謀長の許に届けさせ、気分一新のため第六坑道近くの浴場に出かけた。

一浴びして重い負担をおろした気分で戻ってくると、牛島司令官の「八原ちょっと来い」という厳しい声であった。

直立して軍司令官の前に立つと、牛島中将はいままでにない沈痛な態度と、訥々とした静かな声で、最初にして最後の叱責を八原高級参謀に言うのだった。

「貴官は攻勢の話が出るたびに反対し、また吾輩が攻勢を決心したのちも、浮かぬ顔をして全体の空気を暗くする。すでに軍は全運命を賭けて攻勢に決したのである。攻撃の気勢を殺《そ》ぐようなことはないよう」

八原大佐は、その言葉に対し、攻撃一辺倒の長参謀長の耳を意識しながら、聞きようによっては抗命とも思える胸中を、第三二軍の軍司令官に開陳した。

「私は失敗必定の攻撃の結果を思うと、つい憂鬱にならざるを得ません。今回の攻撃が成功するやに考える者が多いようですが、おそらく数万の将兵は、南上原の高地にも手をかけ得ず、幸地付近を血に染めて死んで行くでしょう。これは、無意味な自殺的攻撃に過ぎぬものと思います。しかし、すでに閣下がご決心になったことでありますので、私としては、もちろん、その職責に鑑み、全力を尽くします。また私の態度については、今後十分注意いたします」

将軍は、この言葉に怒った様子もなく、

「もちろん玉砕攻撃である。吾輩も、最後には軍刀を振るって突撃する考えである」と、抑えた言葉で言うのだった。

総攻撃失敗のツケ

五月四日、第六次菊水特攻に呼応して、沖縄戦の起死回生を目論んだ総攻撃は、八原大佐の予想通りの結果となった。身を守る砦、地下洞窟陣地を飛び出して北進した第二四師団を主軸とした日本軍は、米軍の陸海空三方からの猛烈な集中砲火の洗礼を受け、ほとんど戦果をあげ得ないままに、殲滅されてしまった。

翌五日の夕刻、軍司令官の直接の呼び出しに奥の室へ八原大佐が出向くと、軍司令官は直立不動の姿勢で立つ大佐を、沈痛の面持ちで暫く見た上で、静かに口を開いた。

「貴官の予言通り、攻撃は失敗した。貴官の判断は正しかった。開戦以来、貴官の手腕を掣肘《せいちゅう》し続けたので、さぞかしやりにくかったろう。濫《みだ》りに玉砕することは予の本意ではない。軍の主力は消耗してしまったが、なお残存する兵力と足腰の立つ島民とをもって、最後の一人まで、そして沖縄の島の南の涯、六寸の土地の存する限り、戦い続ける覚悟である。今後は、一切を貴官に委ねる。予の方針に従い、思う存分自由にやってくれ」

第三二軍の司令官に着任以来、一切を参謀長以下に任せ、いささかの疑いも挟まぬ仁将が、この期に至って、一切を八原高級参謀に委すと断言したのである。

八原高級参謀は、軍司令官のこの言葉に、

「軍の戦力尽きんとする今日、司令官の言は何事ぞ！　すでに手遅れである。憤怒の情さらに新たなるものがあったが、真情を吐露して訥々と語られる将軍の素直な人格に打たれ、ともに軍の運命を悲しむ気持に変わった。」

と、心の裡を述べている。

首里城の下に従横に掘られた壕の中で、第三二軍の最高指揮官と、作戦を一手に練っている高級参謀が、こんな問答を口にしているとき、地上では総攻撃で、火力の七五パーセントを失った日本軍が絶望的な戦いをくりひろげていた。

この二日間の戦いで、日本軍の損害は、米軍側の記録によると、「死体の数は六二三四に達した」と述べ、「そのほとんどが、かけがえのないベテランたちであった」とつづけている。現場を知らぬ大本営の高級軍人が、太平洋戦争下で繰り返した、あまりにも大きな失態だった。敵を知らず己を知らぬ愚かさの典型であった。

火力の大部を失ったというものの、首里をめぐる攻防戦はその後三週間つづいた。日本軍は、強固にかためた洞窟陣地によって、持久戦にもちこむ作戦にもどったのである。

ビーニス・M・フランクの『沖縄』をひもどくと、総攻撃失敗後も日本軍の首里前衛陣の守りは固く、米軍は艦砲と爆撃の掩護のもと、火炎放射と爆破部隊が、洞窟陣地を焼きはらったり、閉塞したりしたが、攻撃を寸時停止してみると、「前進できたのはごくわずかでしかなかった」と記している。

八原高級参謀の編み出した洞窟陣地による持久戦術が、圧倒的な米軍の火力の前に、いかに理に叶ったものであるかがわかる。しかし、五月四日の日本軍の総攻撃の失敗は、沖縄戦の帰趨を、一ヵ月早めたことは否めなかった。

米軍側の戦記によると、日本軍の逆襲反撃のもっとも強力な推進者であった長参謀長は、

「この沖縄作戦の成功についてのあらゆる希望が消えた。わが第三二軍の敗北は時間の問題である」

と述べたと、信頼筋の情報として記している。

空転した特攻戦術

軍首脳部が、「敗北は時間の問題」と考えるまでには、日本軍は空からの神風特攻、敵艦に体当たりする人間魚雷回天などの海上からの特攻攻撃をくりかえした。沖縄戦に出撃した特攻機は、のべ二三九三機（陸軍機九五四機・海軍機一四三九機）にのぼった。

五月二十四日には、九七式重爆撃機に乗った陸軍の義烈空挺隊が、北飛行場へ胴体着陸して、八機を爆破、二四機に損害をあたえ、貯油所に火を放って、滑走路を一時使用不能にし、全員が散華していた。

また、連合艦隊は、沖縄本島に米軍が上陸するや、帝国海軍の最後の勝負を、戦艦大和に賭けて、片道の燃料をつみこみ、沖縄突入の海上特攻を実施した。だが、巨艦大和は屋久島西方約二六〇キロの海上で、八波・約三五〇機の艦載機による雷爆撃を受け、魚雷九本と多数の爆弾をあびて沈没していった。

空と海からの特攻攻撃は「実のところ、地上戦闘には別に具体的な効果はない。戦術的に考えて、軍の戦闘に直接的に貢献したとはいえぬ」（八原博通大佐）ものだった。

米軍が上陸後、五九日目の五月二十九日、首里はついに占領されるに至った。日本軍としては、五月下旬から訪れる雨季を心待ちしていた。モンスーン特有の猛烈な降雨量に、米軍の戦車や飛行機の活動が衰え、日本軍に反撃のチャンスがくるとの読みだった。しかし、降雨期の来訪は、例年より遅く、二十二日から六月五日に猛烈な豪雨がやってきたのである。

この豪雨に、米軍の攻撃は一時弱まったものの、飛行機上より物量投下で食糧弾薬の補給を受けていたので、南進攻撃の戦力はいささかもおとろえなかった。

第三二軍の軍指令部は、この雨季の中を五月二十七日薄暮ごろから、五つの梯団に分かれて、首里洞窟をあとにしはじめた。落ち着く先は、当初、軍指令部予定地としていた津嘉山洞窟を経て、島の最南端、摩文仁《まぶに》の岡の自然洞窟だった。

敗走する日本軍に交じって、沖縄住民もはげしい雨と泥濘の中を、南をめざしていた。逃げおくれた島民の犠牲が、目に見えてふえはじめたのは、この頃からだった。

八原博通大佐の『沖縄決戦』には、軍指令部が敗走の途次、目にした非戦闘員の逃げまどう姿を、次のように記している。

「津嘉山から摩文仁に至る途中のいたましい避難民の印象は、今なお脳裡に鮮明である。各方面の情報を総合するに、首里戦線の後方地域には土着した住民のほか、軍の指示に従い、首里地域から避難して来た者が多数あることは確実である。これら難民を、再びここで地獄の苦しみに陥れ、戦いの犠牲とするのは真に忍び得ない。軍が退却の方針を決めたさい、戦場外になると予想される知念方面への避難は、一応指示してあるはずだった。しかし同方面に行けば敵手にはいることは明瞭だ。今やそのようなことに拘泥すべきときではない。彼らは避難民なのだ。敵の占領地域内にいる島の北半部住民と同様、目をつむって敵に委するほかはない」

高級参謀は、自らの敗走で手いっぱいの時、沖縄の非戦闘員の一般住民を「敵に委するほかはない」と記すが、大本営は初めから沖縄戦を、本土決戦態勢確立の時間かせぎのための捨て石と考えていた。第三二軍首脳も軍民玉砕の思想を喧伝し、非戦闘員に死を強要し、かえりみてはいなかった。

その証左は、長勇参謀長の米軍の来寇必至となった昭和二十年一月二七日の『沖縄新報』紙上に明らかである。彼は軍務遂行のためには、一般県民の生命の安全は二の次であるとの驕慢無礼な軍事優先を〝暴言〟していたのだ。

「敵が上陸し、……一般県民が餓死するから食糧くれといったって、軍は、これに応ずるわけにはいかない。軍は、戦争に勝つ重大任務の遂行こそが使命であって、県民の生活を救うがために、負けることは許されるべきものではない。」

首里戦線の後方の病院で、戦傷兵の看護のために、特志看護婦として編成された県立第一高女と師範女子部の女学生――ひめゆり部隊が追われ追われて、六月中旬、摩文仁の丘にほど近い伊原《いばる》の自然洞窟の中で、約二〇〇人が悲劇的な最期をとげたのは、日本軍が首里から退却し、敗北が動かし難くなった時だった。鉄血勤皇隊の少年兵たちの運命も悲惨をきわめ、多くの者が十字砲火を浴びて殪れていった。

書くには忍びないことだが、日本軍兵士による沖縄住民の壕からの追い出し、食糧の強奪、スパイの嫌疑をかけての射殺、集団自決の強要が続出したのは、浮き足だって敗走する途次だった。

沖縄の領土と、そこに住む人々の生命を守るべき日本軍が、軍事優先をかかげて非戦闘員にたいする適切な措置をとらなかったことは、決定的な敗北にも優る許し難い恥ずべき行為であった。沖縄の人々は、この卑劣卑怯なふるまいを忘れるべきではない。

沖縄県民斯ク戦ヘリ

第三二軍が、摩文仁の丘の洞窟に指令部をおき、最期の戦いを挑んだのは、東西八キロ、南北四キロの喜屋武半島であった。

米軍は、六月中旬に大兵力をもって大攻勢を再開。八十日間悪戦苦闘で戦力低下の限界に達していた日本軍は、ついに雪崩れをうって崩壊しはじめた。

摩文仁の断崖の自然洞窟に籠った第三二軍の首脳たちも、最期の決をいつ下すべきかの潮どきにあった。

その頃、断崖下の海上からは、流暢な日本語による一般市民と兵士への降伏勧告、空中からは宣伝ビラが降り注いでいた。

「兵士諸君！　諸君は日本軍人の名に背かず実によく戦った。しかし戦いの勝負はすでに決定した。これ以上戦闘を続けるのは、無意味である。生命を保証するから、すぐ海岸に降りて来なさい」

六月十七日には、米軍のシモン・バックナー中将から、牛島中将宛ての降伏勧告文が、第一線の手を経て、司令部に届けられた。

そこには、およそ次のように書かれていた。

「歩兵戦術の大家・牛島将軍。予もまた歩兵出身の指揮官である。貴官は、孤立無援のこの島で、劣勢な兵力を率いて、長期にわたり善戦された。米軍は、その戦いぶりを称賛する。しかし、今や戦いの帰趨は定まった。この上戦闘を継続して、前途ある青年を犠牲にするのは忍びない。

人格高潔なる牛島将軍よ。速やかに戦いを止められよ。

明日十二日、摩文仁海岸沖の軍艦上に当方の軍使を待期せしむるから、貴軍の軍使五名を選び、白旗を持たせて、同海岸に派遣されたい」

すでに期日を五日も過ぎた、米軍トップからの降伏勧告であった。牛島軍司令官は、この提議を聞いて、「吾輩も、歩兵戦術の大家にされたか」と、静かに笑った。大本営から、その牛島将軍宛へ、

「キグンチウセイニヨリ、ホンドケッセンノジュンビハカンセイシタ……」

にはじまる最後の電報が届いたのは、六月二十二日の夜であった。

長年、参謀本部の暗号班に勤務していた第三二軍の電報班長大野少佐は、その一文にはじまる電報が、いかなる意味をもっているか、知っていた。

アッツ島以来、太平洋に散在する島々で、圧倒的な米軍の攻撃を受け、衆寡敵せず玉砕したすべての日本軍守備部隊に大本営が送る、通りの一遍のおざなりな訣別の電報だったのだ。

六月二十三日未明、直後にひかえた日本軍最後の「万歳突撃」を前に、牛島軍司令官と長参謀長は、自決した。軍司令官の辞世は、次の二種だった。

秋待たで枯れ行く島の青草も
　み国の春に　よみがえらなむ

矢弾つき天地そめて散るとても
　天かけりつつみ国護らむ

長参謀長は漢詩にまとめていた。

醜敵締帯南西地
飛機満空艦圧海
敢闘九旬一夢裡
万骨枯尽走天外

両将軍の辞世には、遺憾にも、戦う兵士にも優る犠牲を強いられた沖縄県民へのいたわり、感謝の片言隻語もなかった。
だが、これより一〇日前の六月十三日、首里近くの小禄の地下壕で、海軍部隊を率いて戦い自決した沖縄方面根拠地隊司令官・大田実少将の、海軍次官・多田武雄少将らに宛てた訣別の長文の電報の結びには、

「……沖縄県民斯ク戦ヘリ。県民ニ対シ後世特別ノ御配慮ヲ賜ランコトヲ」

との県民への深いいたわりの心情が、披瀝されていたのである。

沖縄県民は、大田少将のこの情のある言葉を、数十年後のいまも忘れない。

沖縄戦は、一将の功成らず、万骨も枯れた「国体護持」のための捨て石作戦だった。

形而上のこんな言葉を守るために、七万人余の将兵と沖縄の無辜の民十数万人の血と尊い生命が、失われたのである。

この島に咲く真紅のハイビスカスやデイゴの花は、この戦いに流された沖縄の人々の血と生命の象徴か……。


（10月別冊　戦争と人物⑰）


また、沖縄といえば私には忘れがたい人がいる。高校時代に多少の縁を持ち、三十七年ぶりに那覇で再会した石坂真砂である。

本土に疎開する学童たちを乗せて出航するが、米軍の魚雷三発を受け、わずか11分で沈み、七百六十九名の児童が海のもくずと消えた「対馬丸」事件を、自らの歌で語り継いできたシャンソン歌手である。

平成十五年に惜しまれながら天に召されたが、その際に私の出自の地の『南信州新聞』に寄稿した拙文を次に紹介させていただく。

沖縄の熱い想いに生きた歌手

対馬丸の悲劇

朝日新聞の夕刊に、「沖縄への思い歌ったシャンソン歌手　石坂真砂」の惜別が掲載されたのは、平成十五年五月だった。

七十二年の波瀾の生涯が簡潔に紹介され、口癖のように「二度、死に損ねた」と、家族に言っていたと記されていた。

太平洋戦争末期の四十四年八月、沖縄から、本土に向かう学童疎開船「対馬丸」に乗る直前に熱を出し、後続の船に乗ったため、一命をとりとめたこと。二度目は二十年ほど前、過労から肝硬変になって、動脈破裂に見舞われ「三年の命」と宣告されたが生き永らえた生命であったこと。

二度生かされたその体験から、真砂は語り継ぐことを使命に背負った思いで、対馬丸の犠牲者を悼む「あぁ　対馬丸」三部作を作詞し、「もの言えぬ幼き魂へのレクイエム」と副題をつけ、レコードを出し、ステージで歌うようになったのである。

朝日新聞の「惜別」には、東京の舞台芸術学院に学び、東中野でピアノ・バー「マ・ヤン」を出して歌い、離婚を機に子供二人を連れて本土復帰の七十二年に沖縄へ帰り、那覇市内でライブハウスを開店。歌手活動を本格化させたと、その経歴をつづっていたが、昭和二十年の前半、長野県の飯田に住み飯田風越高校に学んだ件には触れていなかった。

在飯時代は儀間姓だった。伊那谷では見かけない変った姓で、容姿も伊那乙女には感じられないエキゾチックな風情をただよわせていた。

ドキュメンタリー『対馬丸』（理論社刊）の著者大城立裕は、「石坂さんと『対馬丸』」で、その関係を次のように書いている。

「第二次大戦の末期、沖縄は大きな試練に立たされていた。まず、敵米軍が沖縄へ上陸する恐れがあるというので、日本軍の大本営は、昭和十九年一月から陸軍十万人の兵士を他の戦地から沖縄に移動、駐屯させた。

同時に軍隊の作戦を容易にし、食糧を節約するために、小学生を集団で九州へ疎開させることにした。」

儀間真砂もこの時、対馬丸に乗船して本土へ向う学童組に入っていたが、出発の直前、急性虫垂炎で高熱を出したため、後続の船で本部国民学校の同窓と共に熊本の山鹿へ送られ、無事に到着できたのである。

ところが、最初に真砂が乗る予定だった対馬丸は、十九年八月二十一日の夕刻、三隻の疎開船と那覇港を後にし、翌二十二日午後十時十二分、トカラ列島の悪石島沖合で、米軍潜水艦の魚雷三発を受けて、わずか十一分で沈められていた。

七百数十トン、速度七ノットという自転車並の速度の老朽船。対馬丸には、千六百六十一人の疎開者が乗り、そのうち半分が学童だった。当夜は、折から台風が接し、波は高く月はなかった。その真暗闇の荒波に投げ出された学童の死者七百六十九名、生存者は一般九十八名、学童は五十九名にすぎなかった。

真砂と飯田市の接点

熊本へ集団疎開した真砂が、戦後飯田へ来たのは、兄の儀間文彰を頼ってである。兄は海軍予備学生時代の同期の桜・岡本勝夫（南信土建社長）に招かれて、阿智で料亭を営む同家の食客となっていたのである。

勝夫と儀間は、鈴鹿海軍航空隊に入隊し、いさぎよく国のために散華する覚悟を固めていたが、鳥羽の沖合で哨戒飛行中、四人搭乗していた機が墜落。九死に一生を得た間柄だった。死線を超えたその戦友愛から、岡本は米軍占領下の沖縄へは戻れない儀間を、山深い伊那谷へ連れて帰っていた。

敗戦直後の食糧が逼迫した時代だったが、勝夫の両親は一言の文句も言わず、息子の戦友のめんどうを見てくれた。しかし、妹の真砂が兄を頼って来飯したい旨の便りが届くと、「妹まで世話になるわけにはいかない」と、岡本家を静かに出ていった。

彼の滞在日数は、一年八ヵ月に及んだ。

来飯して、飯田風越高校に入学した儀間真砂は、弁論大会で熱弁を振い、演劇部で『ベニスの商人』のシャイロックに扮し、迫真の演技力で観客を感動させるなど、際立っていた。

その儀間真砂と私が知り合ったのは、昭和二十三年暮れ、飯田高校で開催された「飯田学生演劇連盟」第一回研究発表会の折だった。演劇活動に多少のシンパシーを抱いていたことから、彼女と話をするうちに通じ合うものがあり、ラジカルなグループの会合に誘われるようになった。

風越高校を卒業後、彼女は秋田雨雀が主宰する舞台芸術学院に入学し、演劇を学んでいると風の便りで聞き、しばらくして東中野の日本閣近くにピアノ・バー「マ・ヤン」を開店して、シャンソンから沖縄民謡までを歌っていると、小耳にはさんでいた。

飯田で一別以来の真砂に、那覇市の波の上通り「銀巴里マ・ヤン」というしゃれたシャ

シャンソン歌手　石坂真砂。

「あぁ、対馬丸」のレコードジャケット。

ンソンバーで会うのは、三十七年ぶりの昭和六十一年一月下旬だった。

マ・ヤンに案内してくれたのは、沖縄の児童文学者徳田女史だった。理論社で彼女の評伝をまとめるべく依頼され、取材に訪れた折である。徳田は沖縄初の女性の小学校校長を務めた人として知られ、太平洋戦争末期、小学生を集団で九州へ疎開させた時、引率教師として対馬丸に乗るべき一人だった。

徳田ものっぴきならない都合で対馬丸に乗船しなかった。真砂と徳田は、学童と教師と立場は異なっていたが、偶然対馬丸に乗らなかったために死から逃れたものの、戦後を重い贖罪感にのたうって生きざるをえない運命を担った。

徳田は、真砂と負の苦しみを共にする衝撃的な事実を、隠し立てなく評伝に織り込んでほしい気持があって「銀巴里マ・ヤン」へ私を誘ったもののようだった。徳田の評伝はその後、娘からクレームがつき彼女の翻意で書かないままに終ったが……。

それはさておき、徳田と昵懇《じっこん》の真砂は、

「あら　先生！」

と、満面の笑顔で迎えてくれたが、同伴の冴えない男が、挨拶もそこそこに、

「あなたは儀間真砂さんでしょう。飯田に居たことがありましたね。何回か会っていますよ」

と切り出すと、一瞬、真顔になった。

私は、つづけて飯田時代の演劇や文芸活動の話をしてみたが、記憶もおぼろの様子で

あった。居合わせた長女の歌手・美砂が気転をきかして、

「もしかしたら、私のパパになる人だったの」

と、おどけた言葉を挟んだことで、その場はすっかり、打ちとけた雰囲気になった。

その夜、石坂真砂は、自作の三部作「あぁ、対馬丸」を、遠路の客のために熱をこめて歌ってくれた。

暗い海は荒れて　深いうなりを立て
屍体の山は　私をとりまく
力のかぎり必死に泳ぐ
イカダを囲み　闘いが始まる
振り落とされても　また押しかえす
助けて！　助けて！

一部の「啓子ちゃん生きた」は七章に及ぶ長歌で、二部は「邦夫ちゃん死んだ」、三部が「母さんのはなし」と、対馬丸の沈んだ深夜の海の子供たちの悲劇を、圧倒的な語りでよみがえらせていた。

歌手と、舞台人石坂真砂が一体となった見事な絶唱であった。

あとがき

本著は、私が四十代半ばで職を離れ、出版界の落ち穂拾いに転じ、細々とした物書きとなってから刊行する百八冊目の本である。

この間、出版界の内情を描く『出版社の運命を決めた一冊の本』を嚆矢に、『出版界の華麗なる一族』『雑誌100年の歩み』『名編集者の足跡』『定本ベストセラーの昭和史』『雑誌記者 池島信平』『古田晁伝説』『出版その世界』『出版王国信州の山脈』『売れば文化は従いてくる』『本は死なず』等々と、同系列の本を書きつづけ、三十数年後の平成十五年（二〇〇三）には、「読ませる」出版社大事典を謳った九百頁の『出版社大全』を刊行するに至った。

初めの『出版社の運命を決めた一冊の本』が、僥倖にも読書人に強い朝日新聞に、『本と人間のドラマ　10社の決定的瞬間再現』のタイトルで紹介され、その弾みで拓けたシリーズだった。

意外や、この世界には先達はなく、拙著は刊行するとたびたび、話題に取り上げられて、そのよろこびで、狭隘かつ地味、売れゆきも知れた零細な仕事をつづけてこられたのである。

『出版社大全』に至っては、辛辣な書評で知られた安原顕氏に、「業界人はもちろん、読書人も必読の書」の推称を受けたほか、日本経済新聞の「文化往来」欄で、「本書からは日本の文化史を読み取ることができる」の評を得て、出版各社の資料に加蔵された模様である。

しかし、出版業界の落ち穂拾いでは、前途が知れていて、早晩、他の分野への進出を余儀なくされた。思案の末に選んだのは、相撲界に歌謡界、さらに児童書、食文化、郷土の信州、さらに戦記へとフィールドを広げていくことだった。

まず、相撲に筆を染めたのは、本文でも述べたが、私が生まれた当時の大日本相撲協会会長尾野実信陸軍大将の名を、相撲狂だった父親が拝領して付けた因縁からである。相撲協会会長名にあやかった私も、父親の憑《ひょう》依《い》を受け、いっぱしの相撲狂になっていたのである。

それに加え、ベースボールマガジン社の創業者池田恒雄社長の知遇を得て、名前の由来を告白したところ、東京場所には一日、砂かぶりの向正面席で観戦を楽しむ便宜を図って下さった上、同社発行の相撲誌に、十年の長期にわたり連載を許され、『力士の肖像』にまとめて下さった。

歌謡は、昭和一桁代、台湾、朝鮮半島の植民地を含めて、全国に十万台程度しかなかった超贅沢の蓄音機が、ある事情で陋屋にあったことが機縁となっていた。学齢期に達していない頃から歌謡に親しんでいて、それが嵩じて週刊誌編集者時代に、アルバイトでレコード解説をするようになり、挙句に日本レコード大賞審査員の末席を汚すまでになった。

その余技として、注文されるままに書いた『昭和歌謡100名曲』シリーズ、『昭和の歌手100列伝』シリーズなどが滔々《とうとう》たる流れになって、いまや本流を凌駕《りょうが》する勢いになっている。

このほか、ビートたけし、角川春樹、竹村健一といった異能人の横顔。児童書、食文化、郷土、戦記ものの分野に領域を広げてきたのは、暮しをたてるためのせん方ない理由であった。


百八冊目の拙著には、放浪の合間にあちこちの雑誌に書いたまま、筐底に眠っていたその〝せん方ない所産〟を、煩悩に急かされるままに集録している。

食にかかわるもの、戦記もの、児童ものだが、これら一万字前後の拙文は、ターゲットに迫り、思い入れて書いているだけに、雑誌に掲載されただけで消えてしまったのは、なんとも残念の思いが強かった。

「不肖な子ほど可愛い」――のタトエではないが、百冊余の拙著に収録されることもなく、筐底に埋もれていたわけで、書いた身にはもう一度、日の目を当ててやりたいの気持が一入《ひとしお》であった。

煩悩は百八種あるというが、百八冊目の拙著に、筐底から甦った往年の煩悩の断簡隻句——放浪生活からの足跡を恥を忍んで収録した乱心の沙汰を、ご宥恕いただきたい。

平成三十年晩春

塩澤実信

塩澤実信（しおざわ みのぶ）
昭和5年、長野県生まれ。双葉社取締役編集局長をへて、東京大学新聞研究所講師等を歴任。日本ペンクラブ名誉会員。元日本レコード大賞審査員。主な著書に「雑誌記者池島信平」（文藝春秋）、「ベストセラーの光と闇」（グリーンアロー出版社）、「動物と話せる男」（理論社）、「出版社大全」（論創社）、「昭和の流行歌物語」「昭和の戦時歌謡物語」「昭和のヒット歌謡物語」「この一曲に賭けた100人の歌手」（以上展望社）、「ベストセラー作家 その運命を決めた一冊」「出版界おもしろ豆事典」「昭和歌謡100名曲 part.1～5」「昭和の歌手100列伝 part1～3」「昭和平成大相撲名力士100列伝」「不滅の昭和歌謡」（以上北辰堂出版）ほか多数。

出版街 放浪記 活字に魅せられて70年――。

平成30年6月10日発行
平成30年6月26日発行 第2刷
著者／塩澤実信
発行者／唐澤明義
発行／株式会社展望社
〒112-0002 東京都文京区小石川3-1-7エコービル202
TEL:03-3814-1997 FAX:03-3814-3063
http://tembo-books.jp
印刷製本／モリモト印刷株式会社

ISBN 978-4-88546-345-7 定価はカバーに表記

好評発売中

この一曲に賭けた100人の歌手

塩澤実信

ISBN 978-4-88546-329-7

運命を賭けたデビュー曲！再起をめざした渾身の一曲！
それぞれの思いをこめてヒットを夢みた昭和の100人の歌手たち！

四六判 並製　定価：2,000円＋税

展望社

好評発売中

昭和の銀幕スター100列伝

新井恵美子

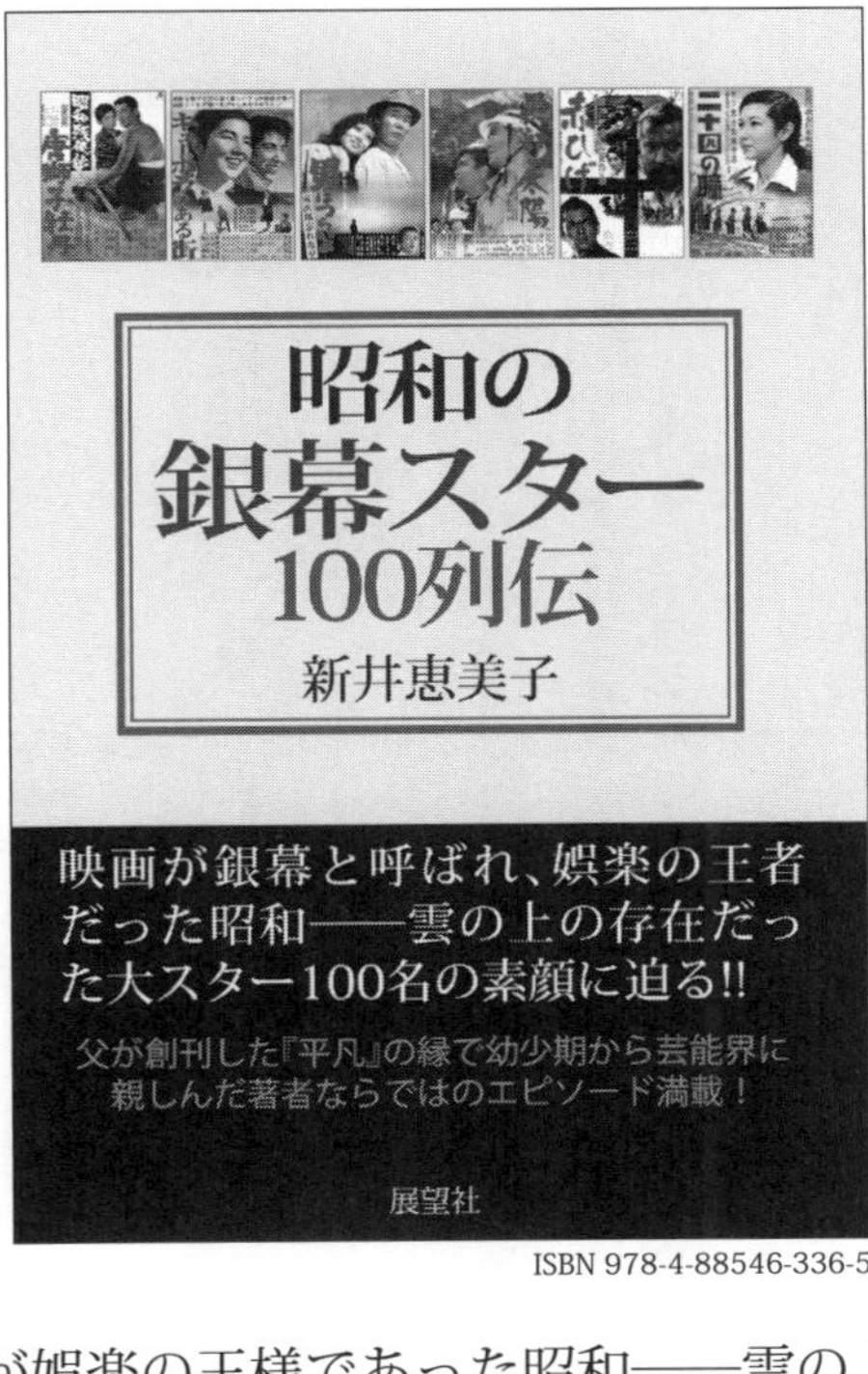

ISBN 978-4-88546-336-5

映画が娯楽の王様であった昭和――雲の上の人
だった大スターの素顔に迫る!!
父が創刊した『平凡』の縁で幼少時代から芸能界にな
じんだ著者ならではのエピソード満載!!
四六判 並製　定価:1,800円＋税

展望社

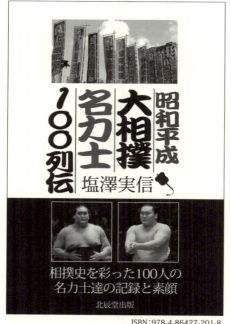